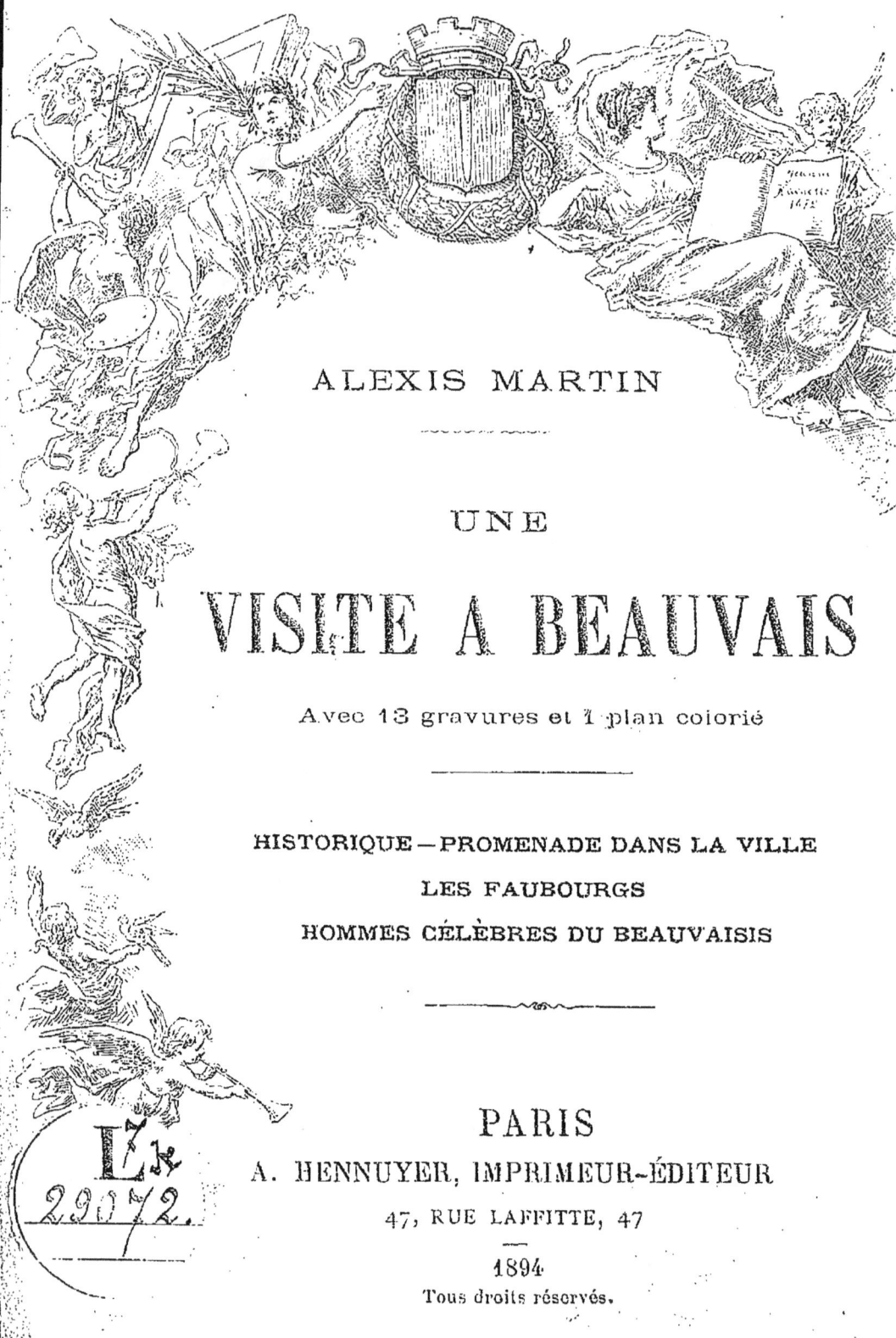

ALEXIS MARTIN

UNE

VISITE A BEAUVAIS

Avec 13 gravures et 1 plan colorié

HISTORIQUE — PROMENADE DANS LA VILLE

LES FAUBOURGS

HOMMES CÉLÈBRES DU BEAUVAISIS

PARIS

A. HENNUYER, IMPRIMEUR-ÉDITEUR

47, RUE LAFFITTE, 47

1894

UNE

VISITE A BEAUVAIS

DU MÊME AUTEUR

PARIS, PROMENADES DANS LES VINGT ARRONDISSEMENTS. 1 vol. in-16 de XVI-528 pages, avec 61 gravures hors texte et 21 plans coloriés. Deuxième édition.

LE MÊME, augmenté d'une introduction et d'une nomenclature historique des voies publiques et privées, publié en 20 monographies.

TOUT AUTOUR DE PARIS, PROMENADES ET EXCURSIONS DANS LE DÉPARTEMENT DE LA SEINE. 1 vol. in-16 de XXIV-317 pages, illustré de 20 dessins hors texte, de 2 vues panoramiques et de 5 cartes et plans coloriés.

PROMENADES ET EXCURSIONS DANS LES ENVIRONS DE PARIS. *Région de l'Ouest.* Un volume in-16 de XXIV-488 pages, illustré de 109 gravures dont 51 hors texte, 7 cartes et plans coloriés, et 2 vues panoramiques.

PROMENADES ET EXCURSIONS DANS LES ENVIRONS DE PARIS. *Région du Nord.* 1 volume in-16 de XXIV-536 pages, illustré de 150 gravures dont 56 hors texte, 2 vues panoramiques, 6 cartes et plans coloriés et 3 cartes indiquant l'itinéraire des excursions.

ÉTUDE SUR LES EX-DONO ET LES DÉDICACES AUTOGRAPHES, avec reproductions autographes d'*ex-dono* de Victor Hugo, Balzac, Théophile Gautier, George Sand, Jules Janin, Joseph Autran, Victorien Sardou, Charles Monselet. 1 vol.

LES MOIS. Douzain de sonnets monorimes, dans l'*Almanach fantaisiste* pour 1882, publié par la Société des Éclectiques.

JEAN ANGO, ARMATEUR DIEPPOIS.

LE CHATEAU D'ARQUES.

FAÏENCES ET PORCELAINES. 1 vol. illustré de 37 dessins de Schmidt et de 195 monogrammes. 2e édition.

GUIDES DU VISITEUR AUX SALONS DE 1887 et 1888.

PROMENADES ET EXCURSIONS DANS LES ENVIRONS DE PARIS. *Région du Sud.* (En préparation.)

PROMENADES ET EXCURSIONS DANS LES ENVIRONS DE PARIS. *Région de l'Est.* (En préparation.)

UNE

VISITE A BEAUVAIS

PAR

ALEXIS MARTIN

Historique. — Promenade dans la ville.

Les faubourgs.

Hommes célèbres du Beauvaisis.

Avec 13 gravures et 1 plan colorié.

PARIS

A. HENNUYER, IMPRIMEUR-ÉDITEUR

47, RUE LAFFITTE, 47

—

1894

INTRODUCTION

Le Beauvaisis, dont l'intéressante ville que nous allons visiter fut autrefois la capitale, était, au temps de César, un petit pays habité par les Bellovaques. Sous Honorius, il fit partie de la deuxième Belgique, puis, plus tard, il fut incorporé au royaume de Neustrie; enfin il fut compris dans la province et le gouvernement de l'Ile-de-France. Au Beauvaisis appartenaient les duchés-pairies de Boufflers et de Fitz-James et les comtés de Clermont et de Beaumont-sur-Oise, c'est-à-dire tout l'ouest actuel du département de l'Oise et une faible partie de celui de Seine-et-Oise.

Ce pays, un des premiers que les Francs enlevèrent aux Romains, avait énergiquement, et pendant cinq années, résisté aux efforts des légions de César. A côté de la grande figure du Vercingétorix (1) dont les Arvernes sont fiers à juste titre, les Bellovaques peuvent placer celle non moins héroïque de l'un des leurs, le chef Corréus.

(1) Vercingétorix est l'altération latine du mot celtique *ver-kenn-kedo-righ* qui signifie *le grand chef des cent têtes*. Les Romains ont pris ce titre pour un nom propre et l'ont appliqué au héros gaulois. Celui-ci était fils de Celtil, qui fut chef de la Confédération gaélique et condamné à mort pour avoir tenté de s'emparer du pouvoir absolu.

Plus heureux que le grand vaincu d'Alésia, Corréus ne courba pas le front devant César, il ne jeta pas ses armes à ses pieds et ne reçut pas la mort des mains d'un bourreau.

Outre les Gaulois de sa contrée, il avait réuni sous son commandement les Atrébates, les Vellocasses et les Calètes (habitants de l'Artois, du Vexin normand et du Pays de Caux). Il accepta le combat contre les Romains, mais le sort ne fut pas favorable à son armée. Alors, debout au milieu de la déroute, maître de lui, espérant peut-être encore un retour de la fortune, ralliant les épouvantés, entraînant à sa suite les braves qui ne se débandaient point, ne voulant ni fuir ni se rendre, Corréus combattit jusqu'au moment où il fut atteint d'un coup mortel. Il tomba, libre encore, sur ce sol dont il avait défendu l'indépendance.

. La défaite de ce grand homme assura la domination des Romains sur les Bellovaques. A partir de ce moment, le pays put être considéré, sinon comme soumis, au moins comme subjugué. Il n'est point inutile d'indiquer la nuance, car la résignation des vaincus ne fut en réalité qu'apparente. A plusieurs reprises, dans les temps qui suivirent, ils s'allièrent tantôt avec les Trévires, tantôt avec les Belges, et tentèrent vainement de reconquérir leur liberté.

Dès le premier siècle de notre ère, alors que Beauvais, déjà fortifié, s'appelait encore *Cæsaromagus*, le christianisme pénétra dans ces contrées; mais pendant trois siècles environ, il y fut plus que froidement accueilli, et c'est dans le martyrologe qu'il faut chercher les noms de la plupart de ceux qui tentèrent d'évangéliser les populations. Saint Julien, saint Maxien, saint Lucien, bien qu'il fût évêque de Beauvais, d'autres encore, moururent alors pour la foi nouvelle.

Sous Dioclétien, alors que le pays était gouverné par Constance Chlore, il fut en partie dépeuplé par les invasions des barbares. Au cinquième siècle, envahi par Clodion le Chevelu, il devint en quelque sorte un immense champ de bataille et fut tour à tour saccagé par les troupes saliennes, par la *bagaudie* à laquelle bon nombre de peuplades de ces régions s'étaient ralliées, et enfin par l'armée du patrice Aétius, à qui la victoire parut rester en dernier lieu.

Quand, après la bataille de Soissons, les Francs se rendirent maîtres du Beauvaisis, ils trouvèrent le christianisme établi et professé partout. Les évêques, à Beauvais notamment, avaient déjà réussi à substituer leur autorité à celle des officiers impériaux et, sous le titre de *defensores civitatis*, ils administraient les affaires temporelles de la cité.

Les Francs songèrent moins à entrer en lutte avec les prélats qu'à se ménager leur appui ; aussi laissèrent-ils grandir l'influence qu'ils avaient acquise. La religion nouvelle fit alors de rapides progrès ; peuple et grands s'agenouillèrent devant ses autels ; églises et abbayes se construisirent de tous côtés.

Déjà, à Beauvais, dans un temple païen, la croix avait remplacé les idoles ; ce temple est devenu l'église de la Basse-Œuvre. Un autre lieu de prière avait, dès l'an 275, été bâti par saint Firmin, à l'endroit où plus tard devait s'élever l'église Saint-Étienne. Au temps où notre récit nous amène, une jeune princesse qui préférait la paix du cloître aux agitations du monde, fondait à Oroër, à 10 kilomètres au nord de Beauvais, le premier des monastères qui devaient prospérer dans la contrée. Plus tard, en 583, et tout près de la ville, Chilpéric Ier faisait bâtir l'abbaye de Saint-Lucien. Enfin, vers les dernières années du septième siècle, tandis que les Austrasiens et les Neustriens, alors en guerre, inondent le Beauvaisis de leur sang, apparaît la pure et poétique figure de la jeune Angadresme, aujourd'hui patronne de Beauvais. Elle était fille d'un chancelier du roi et célèbre par sa piété et les miracles qu'elle accomplissait; retirée au monastère d'Oroër, elle en devint abbesse. Vers la même époque, un des plus vénérés patrons du Beauvaisis, saint Germer, fondait l'abbaye de bénédictins qui porta son nom, et que la Révolution de 1789 trouva debout encore.

Bien que pillées plusieurs fois par les Normands, toutes ces abbayes se relevèrent toujours de leurs ruines. De leur côté, les cités prospéraient; elles obtenaient leurs chartes communales et s'enrichissaient de monuments somptueux. Beauvais, en particulier, voyait s'élever, au moyen âge, sa magnifique cathédrale Saint-Pierre. Sous Louis IX, qui affectionnait particulièrement la contrée, le comté de Clermont devenait l'apanage de son fils Robert, tige de la maison royale des Bourbons.

En même temps, les lettres et les sciences commençaient à fleurir. Philippe de Beaumanoir rédigeait son curieux ouvrage : *les Coutumes du Beauvaisis*, répertoire des plus utiles à consulter sur la société du treizième siècle. De son côté, une école de théologie, que

Guy, évêque de Beauvais, avait fondée au onzième siècle, brillait alors de tout son éclat, et quelques-uns de ses élèves, Foulques, Galon, Étienne de Garlaude, Gosselin, etc., conquéraient une haute réputation. Enfin, le dominicain Vincent de Beauvais, fort en faveur auprès de saint Louis, composait sur son ordre son *Speculum majus*, véritable trésor d'érudition, sorte d'encyclopédie de toutes les connaissances humaines de ce temps.

Nous avons vu les paysans gaulois s'associer à la *bagaudie*. La *jacquerie*, mouvement provoqué par le même désir d'indépendance, par la même révolte des faibles contre les puissants, éclata au quatorzième siècle et prit naissance dans le petit village de Frocourt, à 6 kilomètres au sud de Beauvais.

Il ne saurait entrer dans notre pensée d'excuser les violences qui furent commises par les jacques, mais il est impossible de ne pas reconnaître qu'ils avaient beaucoup souffert de l'oppression et de l'avidité des seigneurs. De l'aveu même de Froissart, qui ne saurait être soupçonné d'indulgence pour les paysans, les nobles laissaient mourir Jacques Bonhomme « en se *gaussant* et en se *gobant* de lui ». Ajoutons qu'en l'an de grâce 1358, la misère était grande dans les campagnes, et l'humiliation du peuple profonde, en présence des corps d'armée anglais qui battaient le pays. Les paysans, complètement ruinés après la bataille de Poitiers « où les seigneurs n'avaient pas fait leur devoir » étaient soumis à d'inqualifiables tortures; ils se voyaient arracher leurs ressources dernières pour payer les rançons exigées par les vainqueurs. La patience des pauvres était épuisée, la haine des puissants avait atteint son paroxysme.

Le 21 mai, la révolte éclata ; elle partit de Saint-Leu-d'Esserent, de Nointel et de divers autres lieux du Beauvaisis. Rayonnant autour de son foyer, gagnant le terrain avec la rapidité d'une traînée de poudre, l'insurrection fut en peu de temps maîtresse de tout le pays. « Plus de cent mille hommes, dit Henri Martin, avaient échangé la bêche contre la pique. » La pique fait image, mais, en réalité, les révoltés n'étaient guère armés que de bâtons ferrés, de haches et de couteaux. Sous la conduite des chefs qu'elles s'étaient choisis, les bandes parcouraient le pays, couraient sus à tout ce qui était chevalier ou écuyer, envahissaient tout logis ayant l'apparence d'un manoir, d'un château ou d'une maison forte ; les gens, qu'ils fissent résistance ou non, étaient assommés sans pitié ; les femmes, les enfants eux-mêmes, qui n'avaient « point encore fait le mal », ne trouvaient pas grâce devant la fureur populaire. Quant aux propriétés, le pillage et l'incendie en faisaient des ruines.

La noblesse, revenue de la stupéfaction que le mouvement lui avait causée, appela ses alliés à son aide ; il lui vint des secours d'Allemagne, du Hainaut, du Brabant et des Flandres. Le dauphin, depuis Charles V, alors régent, d'un côté, le sire de Coucy, de l'autre, atteignirent successivement les jacques et mirent leurs bandes en déroute.

On le remarquera, la ressemblance est grande entre la jacquerie du quatorzième siècle et la bagaudie qui, neuf cents ans auparavant, avait déjà désolé la contrée.

La cause première des deux révoltes est la même : l'exaspération occasionnée par la misère ; les procédés sont semblables et aussi cruels à |une époque qu'à l'autre, le même esprit se retrouve dans les détails. La bagaudie s'était donné un *Auguste* et un *César*, personnages qui crurent à leur éphémère puissance et firent frapper monnaie en leur temps ; la jacquerie, révoltée contre la noblesse et la monarchie, ne manqua pas de se choisir des rois. Celui qui fut le plus connu en Beauvaisis était un paysan nommé Guillaume Charlet, qui se faisait appeler *Jacques Bonhomme*. Le pauvre diable eut une triste fin. Un jour, les insurgés du Beauvaisis, serrés de près et décimés déjà, voulurent traiter avec Charles le Mauvais ; sous la foi d'un sauf-conduit, Charlet, bien escorté, se rendit au camp du roi de Navarre. Celui-ci, après avoir fait couronner son « bon frère » d'un trépied de fer rouge, le fit décapiter ainsi que ceux qui l'accompagnaient ; puis, se réunissant au comte de Saint-Pol, il alla battre les paysans à Montdidier.

Parallèle à l'action du dauphin et à celle du sire de Coucy, ce mouvement amena l'écrasement des jacques. Le Beauvaisis fut délivré, mais, une fois encore, il était ruiné et dépeuplé.

Les malheureux habitants commençaient à peine à rebâtir leurs chaumières et à ensemencer de nouveau leurs champs, quand une nouvelle avalanche de gens d'armes se rua sur la contrée : c'étaient les Armagnacs et les Bourguignons qui l'avaient choisie pour champ de bataille. Peu après, en 1415, les Anglais, vainqueurs à Azincourt, se répandirent dans le Beauvaisis. Quand, cinq années plus tard, le fameux Cauchon fut nommé au siège épiscopal de Beauvais, ils trouvèrent en lui un auxiliaire dévoué qui fit reconnaître l'autorité du roi Henri V. Passa Jeanne d'Arc ; elle remporta la victoire de Gerberoy et délivra Beauvais. L'évêque ne pardonna pas à l'héroïne ; on connaît quel rôle odieux il joua dans le honteux procès qui lui fut fait et qu'il avait réclamé le droit de diriger, la malheureuse jeune fille ayant été capturée sur le territoire de son diocèse.

Il faut le faire observer ici, les populations de la contrée et particulièrement les habitants de Beauvais ne furent point les complices du prélat, qui, dès l'an 1429, avait été chassé de son siège. Rappelons, pour en finir avec ce sinistre personnage, qu'il mourut en 1443 et que le pape Calixte III excommunia sa mémoire quand, en 1456, il fit reviser le procès de Jeanne d'Arc. Ses restes furent alors arrachés de leur tombeau et jetés au vent par le peuple.

La jacquerie n'avait pas vaincu la féodalité ; Louis XI, jaloux de son pouvoir, combattit énergiquement contre elle, et le Beauvaisis fut encore le théâtre d'une partie de ces luttes. C'est au cours de cette guerre, en 1472, que les femmes de Beauvais, et particulièrement Jeanne Laisné, s'illustrèrent par leur énergique intervention dans la défense de leur ville attaquée. Louis XI, reconnaissant, accorda des franchises et des privilèges précieux à la vaillante cité ; il lui rendit le droit d'élire ses maires et lui donna 972 livres pour faire construire une chapelle et 3 000 livres pour acheter la seigneurie de Rotangis.

Vers la fin du quinzième siècle, une épidémie pestilentielle fit de nombreuses victimes dans le Beauvaisis. Cette époque calamiteuse était à peine oubliée quand, au siècle suivant, éclatèrent les guerres de religion. En 1560, un évêque de Beauvais, Odet de Châtillon, scandalisa le diocèse en abjurant publiquement le catholicisme et dut se sauver en Angleterre. Le désordre fut alors à son comble, et la misère, augmentée par la présence des gens de guerre, aggravée par la disette, devint aussi grande qu'au temps de la jacquerie. Néanmoins, hâtons-nous de le constater, la Saint-Barthélemy, réprouvée à Beauvais, n'y fit pas de victimes.

Survinrent ensuite les guerres de la Ligue. Beauvais, qui avait adhéré à celle-ci en 1589, revit encore les horreurs de la guerre civile ; mais, dès que l'abjuration de Henri IV fut connue, et en même temps que Paris, la ville se soumit au nouveau roi.

Beauvais se rattache à l'histoire du dix-septième siècle par plus d'un souvenir : Racine y fit ses études ; Bossuet fut abbé de Saint-Lucien ; enfin, à cette époque, s'ouvrirent les ateliers de la manufacture de tapisseries, gloire industrielle et artistique du pays.

La terre de la bagaudie et de la jacquerie ne pouvait que favorablement accueillir le mouvement révolutionnaire ; néanmoins, la bourgeoisie réussit à en prendre la direction, et les excès furent évités. Cela n'empêcha pas le département de répondre un peu plus tard à l'appel des conventionnels Mauduit et Isoré, et de leur fournir un bataillon de huit cents volontaires pour aller combattre le royalisme en Vendée. Bien qu'on signale encore, en ce temps, le passage de Collot d'Herbois à Beauvais et la promulgation d'arrêtés sévères contre les parents des nobles et des émigrés, la Terreur ne fit ici qu'un fort petit nombre de victimes.

Fidèle à ses vieux sentiments patriotiques, la population de l'Oise a fait vaillamment son devoir lors des invasions de 1814 et de 1870. Pendant la première, les habitants, se portant au devant des envahisseurs, payèrent de leur personne. Lors de la seconde, les villes ouvertes du Beauvaisis ne pouvant songer à la résistance, le département de l'Oise fut l'un des premiers occupés : la présence des Allemands lui coûta environ 11 millions et demi.

Le Beauvaisis est habité par une population active et industrieuse. Si vous faites quelques promenades dans ses campagnes, vous serez certainement frappé de la beauté des cultures et de l'intelligence des agriculteurs, toujours prêts ici à profiter des progrès accomplis et à adopter les inventions nouvelles, quand ils les reconnaissent susceptibles d'augmenter les rendements du sol ou la qualité des produits.

Outre les légumes et les fruits, sources de prospérité constante pour certains cantons, on cultive dans l'Oise les plantes oléagineuses, la navette, le lin, le chanvre, et enfin la betterave, que les nombreuses fabriques de sucre du département trouvent ainsi en quelque sorte à leurs portes.

Dans les villes, on exerce les industries les plus diverses : on fabrique les couvertures, les lainages, les poteries fines de grès et de faïence, la brosserie, la cordonnerie, les toiles dites de *demi-Hollande*, les verres d'optique, les instruments aratoires, etc., etc. Enfin, rayonnant sur le tout, la manufacture nationale de tapisseries de Beauvais, sœur aînée de celle des Gobelins, est depuis deux cent trente ans un des centres artistiques les plus curieux de France, et la gloire de la ville que nous allons visiter.

Quant à celle-ci, vous avez lu sans doute, car on l'a souvent écrit, qu'elle est « mal bâtie et d'aspect peu agréable ». C'est là une de ces choses auxquelles on finit par croire à force de les entendre répéter, et qu'on est tout surpris de trouver absolument fausses, ou tout au moins fort exagérées, quand on se donne la peine de les vérifier.

L'aspect général, nous vous le montrerons avant d'entrer en ville, lorsque nous serons dans le parc du Réservoir; vous reconnaîtrez alors que ses grandes lignes, son ensemble harmonieux, ses détails pittoresques ne le cèdent en rien à tout ce qu'on admire dans les villes les plus fameuses par leur beauté.

L'impression première ne se modifiera pas si vous nous suivez dans notre promenade à travers la ville. Vous y rencontrerez un square aux sinueuses allées, à la petite rivière serpentant entre les pelouses gazonnées et les chemins sablés; ailleurs, vous trouverez de larges boulevards plantés d'arbres, plus loin de belles promenades, telles que l'esplanade de l'Hôtel-Dieu et le Jeu de Paume, de vastes places; celle de l'Hôtel-de-Ville au centre de la cité, celle du Franc-Marché dans sa partie nord. Certes, nous ne prétendons pas que les rues des Jacobins, de la Madeleine ou Saint-Jean soient comparables à notre boulevard des Italiens ou à notre rue de la Paix; mais nous sommes en province, dans une vieille ville, et ce n'est pas sans plaisir que nous parcourrons tout le quartier qui avoisine à l'est la place de l'Hôtel-de-Ville; là, les rues sont des ruelles, les places des carrefours; les maisons, plusieurs fois centenaires, se penchent les unes vers les autres comme des vieillards qui se racontent leurs prouesses et évoquent leurs souvenirs. De leurs portes étroites, on est surpris de ne point voir sortir quelque bourgeois, la hallebarde en main ou le mousquet à l'épaule, courant vers les remparts pour défendre la ville contre un assaut, ou vers le palais épiscopal pour prendre part à une émeute contre l'évêque.

Ceci, loin de nous déplaire, ayant au reste pour contraste des quartiers actifs et des rues bordées de boutiques et de magasins agencés au goût moderne, nous paraît plus susceptible d'augmenter que d'amoindrir l'intérêt que Beauvais peut inspirer.

Reliure serrée

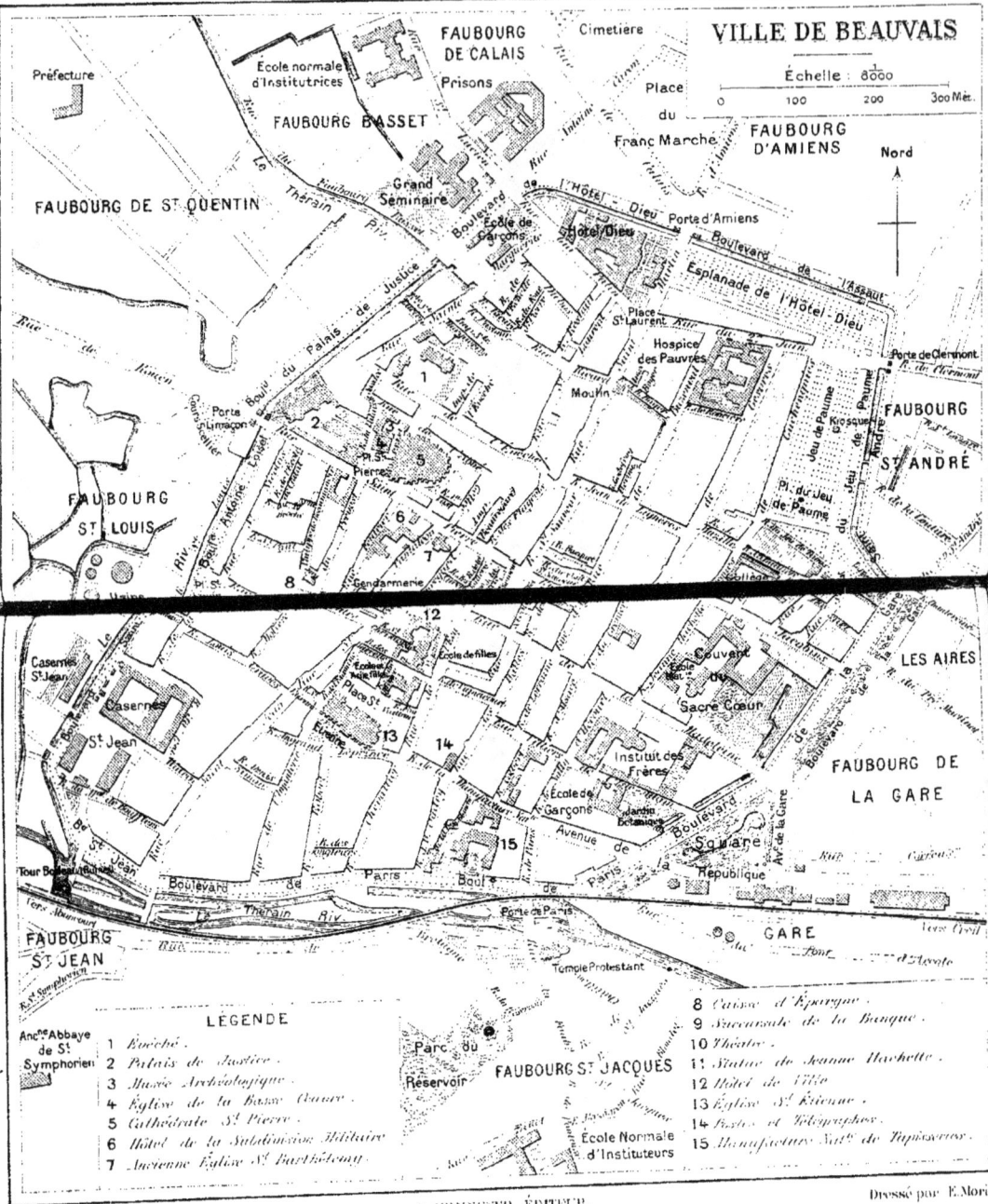

VILLE DE BEAUVAIS

Échelle : $\frac{1}{8000}$

0   100   200   300 Mèt.

Nord

FAUBOURG DE CALAIS
Cimetière
Place du Franc Marché
FAUBOURG D'AMIENS

Préfecture
École normale d'Institutrices
Prisons
FAUBOURG BASSET
Grand Séminaire
École de Garçons
Hôtel-Dieu
Porte d'Amiens
Boulevard de l'Assaut

FAUBOURG DE St QUENTIN
Esplanade de l'Hôtel-Dieu

Place St Laurent
Hospice des Pauvres
Porte de Clermont

FAUBOURG ST ANDRÉ
Moulin
Jeu de Paume
Kiosque

FAUBOURG ST LOUIS
Porte Limaçon
Pl. St Pierre
Pl. du Jeu de Paume

Gendarmerie

LES AIRES
Casernes St Jean
St Jean
École de filles
Couvent du Sacré Cœur
Place St
Institut des Frères
FAUBOURG DE LA GARE
École de Garçons
Jardin Botanique
Square République

Tour Boileau
Boulevard de Paris
Porte de Paris
GARE

FAUBOURG ST JEAN
Thérain Riv.

Temple Protestant

LÉGENDE

Anch Abbaye de St Symphorien

1 Évêché.
2 Palais de Justice.
3 Musée Archéologique.
4 Église de la Basse Œuvre.
5 Cathédrale St Pierre.
6 Hôtel de la Subdivision Militaire.
7 Ancienne Église St Barthélemy.

8 Caisse d'Épargne.
9 Succursale de la Banque.
10 Théâtre.
11 Statue de Jeanne Hachette.
12 Hôtel de Ville.
13 Église St Étienne.
14 Postes et Télégraphes.
15 Manufacture Nat. de Tapisseries.

Parc 8 Réservoir

FAUBOURG ST JACQUES

École Normale d'Instituteurs

A. HENNUYER, ÉDITEUR.

Dressé par E. Morie

UNE
VISITE A BEAUVAIS

Historique.

Avant d'explorer la ville, nous allons rappeler en peu de mots les principaux événements dont elle fut le théâtre.

Il paraît à peu près certain que *Cæsaromagus*, berceau de Beauvais, dut sa fondation à des Bellovaques chassés de *Bratuspensium* (aujourd'hui Breteuil, Eure) par César, et que le nom adopté par la cité naissante fut un des premiers témoignages de soumission que les vaincus accordèrent aux vainqueurs. A *Cæsaromagus* se forma aussi cette légion vaillante et dévouée aux Romains qu'on appelait *l'Alouette*, à cause de l'oiseau, signe de vigilance, dont le casque de ses soldats était orné.

Fidèles aux Romains après leur avoir énergiquement résisté, les habitants de Beauvais luttèrent mais souvent sans succès, contre les Francs et les Germains. Leur ville fut ravagée, pillée, brûlée; leur misère devint si grande, que, vers l'an 320, l'empereur Constantin dut se rendre au milieu d'eux pour relever leur courage.

Il est probable que son séjour dans la ville se prolongea pendant un certain temps, car un vieil auteur constate qu'il y rendit une ordonnance relative aux immunités des vétérans. Sans doute aussi sa présence et la protection que, nouveau converti, il accordait aux évêques, durent contribuer au développement du christianisme dans la contrée.

Le cinquième siècle fut pour Beauvais particulièrement désastreux. La ville fut une des quarante-neuf cités gauloises qui participèrent au dernier mouvement des *bagaudes*, tentative d'émancipation à laquelle manquèrent les chefs et l'unité d'action et qu'Aétius réussit à arrêter en 440. Au cours de ces luttes et dès l'an 434, la ville était tombée au au pouvoir de Clodion ; seize ans plus tard, Attila s'en empara et l'incendia ; puis elle resta définitivement entre les mains des Francs, quand en 486, Clovis eut vaincu Siagrius.

L'obscurité règne sur ces époques lointaines ; pourtant on sait qu'aux derniers temps de la domination romaine le pouvoir temporel, abandonné par les officiers impériaux, passa aux mains des évêques ; ceux-ci, protégés par les Francs, purent sans obstacles, sous les Mérovingiens, s'emparer d'une autorité qui devint tyrannique plus tard, et furent dès lors assez puissants pour pouvoir à l'occasion entrer en lutte ouverte avec la royauté.

C'est par un acte de ce genre que Beauvais rentre dans l'histoire. Louis le Débonnaire avait, en 817, partagé l'empire entre ses fils, Pépin, Louis le Germanique et Lothaire. Six ans plus tard, quand naquit son dernier enfant, depuis Charles le Chauve, il voulut modifier les dispositions prises ; les princes dépossédés se révoltèrent contre leur père, et l'évêque de Beauvais, Hildemances, qui s'associa à leur rébellion, leur prêta un énergique appui.

Moins de vingt ans après, en 840, la cité fut, pour la première fois, attaquée par les Normands et subit toutes les horreurs du pillage et de l'incendie. Nous disons pour la première fois, car les sièges se renouvelèrent souvent en ce siècle : d'abord en 860, avec le même succès pour les assaillants ; ensuite en 877, époque où la ville réussit à les repousser ; enfin en 883, année terrible pour Beauvais, que ses envahisseurs saccagèrent et ruinèrent à peu près complètement.

Dans le moment de calme qui se produisit entre les deux premiers sièges, au cours de l'année 845, Beauvais fut témoin de grandes solennités religieuses. Charles le Chauve rassembla tous les évêques du royaume à Notre-Dame de la Basse-Œuvre. A l'issue de ce concile, le célèbre Hincmar fut sacré archevêque de Reims.

Vers la fin du neuvième siècle, Beauvais commença à former un comté, dont Eudes II de Vermandois transmit, en 1043, le titre à son frère Roger, évêque de la ville. A partir de ce moment, les prélats beauvaisiens portèrent le titre de comtes, puis devinrent bientôt pairs de France et figurèrent parmi les premiers dignitaires du royaume.

Leur puissance augmentait; mais, en même temps, la bourgeoisie entrait en lutte avec elle. Dans cette ville gauloise, qui avait longtemps vécu sous la domination romaine, la tradition des libertés municipales n'avait pas été complètement oubliée; une sorte de conjuration se forma contre le pouvoir de l'évêque. Des désordres éclatèrent de 1099 à 1101; le capitaine de la ville eut à se défendre contre des attaques successives. Le temps passa sans que l'accord se fît. Les bourgeois en appelèrent alors au roi Louis le Gros qui, en 1115, accorda à Beauvais une charte communale.

Louis le Gros, avons-nous dit, accorda une charte à Beauvais; notre plume n'a pas exactement traduit notre pensée. Historiquement parlant, les rois, et Louis VI en particulier, bien qu'on le considère comme l'auteur de *l'affranchissement des communes,* n'ont fait que sanctionner les actes rédigés et acceptés par les bourgeois. Ceci était de la bonne politique; la royauté, en s'associant au peuple, faisait échec au pouvoir féodal toujours menaçant pour elle.

Puisque l'occasion s'en présente, il n'est peut-être pas inutile d'expliquer comment se créaient les communes, quelles cérémonies précédaient et accompagnaient la rédaction et la promulgation des chartes et — prenant celle de Beauvais pour modèle — de donner une idée des privilèges qu'elles accordaient à la bourgeoisie, en faisant observer toutefois que l'organisation primitive se modifia au fur et à mesure que le pouvoir royal s'agrandit et se centralisa. Des antiques institutions communales, l'échevinage seul subsistait encore lorsque la Révolution éclata.

C'était généralement dans une église que se réunissaient les citadins qui voulaient se donner une charte. Sur les livres saints, ils prêtaient d'abord le serment de se soutenir les uns les autres, et de ne point permettre qu'un dommage fût impunément causé à l'un d'entre eux. Ceci était la base du pacte que rédigeaient les plus sages et qui était ensuite soumis à l'acceptation de tous.

Quand le texte de la charte était arrêté, les cloches, au jour désigné, appelaient le peuple sur la grande place et, du haut d'une estrade, un héraut, entouré de l'évêque, crosse en main et mitre en tête, des porte-bannières agitant les étendards de la ville et du seigneur, du seigneur lui-même et de ses gens d'armes, un héraut, disons-nous, donnait lecture du pacte communal ; chacun lui prêtait serment, puis il était soumis à l'approbation du roi qui en garantissait l'exécution en y faisant appliquer le grand sceau de la couronne.

Aux termes de la charte de Beauvais, un *mayeur* (maire) et douze pairs annuellement élus étaient chargés de rendre la justice et de défendre contre tous les intérêts de la commune et de ses adhérents ; les marchands étrangers venus dans la ville pour leur commerce étaient placés sous la protection du pouvoir, à moins «qu'ils ne soient des ennemis

de la commune ». Si quelque débiteur « de quelqu'un de
la commune » se réfugiait auprès d'un seigneur, celui-ci
devait ou acquitter la dette contractée ou chasser son hôte ;
dans le cas où le seigneur refusait satisfaction, justice
« était faite sur lui ou sur ses hommes ». La commune s'ar-
mait en temps de guerre et ses dignitaires payaient de leur
personne.

Au commencement du douzième siècle, et profitant des
discordes qui agitaient la ville, Lancelin, comte de Dam-
martin, et le fameux Thomas de Marle, de la maison de
Coucy, réussirent à s'emparer momentanément de Beauvais ; ils ruinèrent en partie la cité et saccagèrent tout son
territoire.

Les envahisseurs se retirèrent quand ils n'eurent plus
rien à piller. La population, tout en réparant les pertes
subies, ne perdit pas de vue ses intérêts politiques, et tandis que les évêques s'efforçaient de ressaisir le pouvoir, les
bourgeois s'adressaient directement à Louis VII et obtenaient
de lui en 1144 la confirmation de leurs privilèges municipaux.

Ceci, comme on le pense, n'amena pas la concorde, et la
rivalité demeura constante entre le pouvoir épiscopal et la
bourgeoisie. Les partis ne désarmèrent pas même en présence d'une calamité égale pour tous, quand le terrible
incendie de 1180 réduisit la ville en cendres.

Sur les débris fumants de la cité, les discussions, les
querelles, les luttes recommencèrent avec une acuité nouvelle. Les prélats, désireux de mettre la royauté dans leurs
intérêts, firent preuve pour elle du zèle le plus ardent ; Philippe de Dreux, évêque de Beauvais, célèbre par ses démêlés
avec Raoul de Clermont, se distingua particulièrement à la
bataille de Bouvines. Armé d'une massue — pour obéir aux
prescriptions de l'Évangile et ne point verser le sang —

il fit des prodiges de valeur et porta la mort dans les rangs
ennemis. Un de ses successeurs, Simon, joua un rôle iden-
tique auprès de Philippe le Bel, pendant la guerre que ce
prince eut à soutenir contre les Flamands.

De retour dans son évêché, à la suite d'une de ces fré-
quentes contestations qui naissaient à propos de tout et de
rien, Simon fit enlever et jeter en prison le maire de la ville
etdeux de ses officiers municipaux. La population s'indigna
le différend fut porté devant le Parlement qui écouta les
plaintes des bourgeois, apprécia les prétentions de Simon
et après mûr examen de la cause donna raison à la com
mune. L'évêque ne tint nul compte du jugement rendu
Aigri par l'échec moral éprouvé, il multiplia ses prétentions
et sa tyrannie, devint tellement insupportable aux Beauvai
siens, qu'un soulèvement général eut lieu en 1305. Le palais
épiscopal fut assailli, envahi, dévasté; l'évêque se retira, ou
pour mieux dire s'enfuit à Saint-Just. De là, il excommunia
ses ouailles; celles-ci se vengèrent par un quolibet : l'évêque
ne fut plus désigné que sous le nom de *Simon le Décélu*.

Philippe le Bel intervint, un peu comme le Perrin Dandin
de la fable; il fit d'abord arrêter le maire et saisir le tem
porel de l'évêque, puis examina la cause à loisir. L'évêque
était allié à la maison des comtes de Clermont; l'un de se
frères était connétable, l'autre maréchal de France; le roi,
de plus, lui avait des obligations pour sa conduite pendant
la guerre. Que vouliez-vous que fissent les bourgeois contre
tant de puissants protecteurs et d'excellentes raisons? Le roi
donna gain de cause à Simon et condamna les magistrats
à lui demander pardon à genoux et à lui payer 8 000 livres
parisis d'amende. Cette somme fut employée à la construction des tours de l'évêché.

Simon mourut en 1312; ses successeurs, moins hostiles
que lui à l'extension des franchises communales, vécurent

en paix avec les bourgeois; puis la ville, en présence d'autres dangers, dut oublier ses discordes intérieures.

En 1346, quelques jours après la bataille de Crécy, Beauvais se défendit courageusement contre l'armée du roi Édouard III, qui était venue l'assiéger. Quand éclata la *Jacquerie*, la ville fut l'une des premières attaquées. Au quinzième siècle, au cours de la lutte entre les Bourguignons et les Armagnacs, le fameux évêque Cauchon vint s'installer au palais épiscopal et imposa l'autorité du roi d'Angleterre Henri V. Jeanne d'Arc reprit la ville en 1430. Trois ans plus tard, elle faillit encore retomber au pouvoir des Anglais. Le dévouement de Jean de Lignières, de Jacques de Guehengnies et celui des habitants lui épargnèrent cette honte.

Lorsque la guerre cessa enfin, la cité, épuisée, était dans la plus profonde misère; elle commençait à se relever un peu, grâce aux efforts de son digne évêque Juvénal des Ursins, quand les luttes de Louis XI avec les derniers grands vassaux de France ramenèrent l'ennemi sous ses murs.

Nous arrivons à la page la plus dramatique, mais la plus héroïque aussi de l'histoire de Beauvais.

Charles le Téméraire venait d'organiser une puissante ligue contre Louis XI, quand la mort de son frère, le duc de Guyenne, porta un coup fatal à ses projets. Il ne désespéra pas pour cela de les mener à bonne fin; une invincible confiance en soi était, on le sait, le trait dominant de son caractère. Il se jeta en Picardie au mois de juin 1472, et, à la tête de 80 000 hommes, mit tout à feu et à sang sur son passage; puis, le 27 du même mois, il investit Beauvais.

La ville était mal fortifiée et ses défenseurs peu nombreux; aussi l'armée bourguignonne pensait-elle s'en emparer par un coup de main hardi. L'artillerie fit son œuvre, battant la porte de Bresles, incendiant le faubourg Saint-Quentin,

ébréchant les remparts. Il semblait qu'il ne restât plus
qu'à donner l'assaut.

Les assiégeants ignoraient ce qui se passait en ville. Aux
soldats s'étaient joints, dès le matin, tous les hommes valides
de la cité ; boutiques, ateliers, maisons, étaient abandonnés,
tout ce qui pouvait porter une arme était sur les remparts.
Seules les femmes erraient encore par les rues et se grou-
paient sur les places, indignées de l'attaque, épeurées des
suites de la victoire si elle doit rester aux Bourguignons, hon-
teuses de leur inaction, tandis que leurs maris, leurs frères et
leurs enfants se font tuer; leurs poitrines se gonflent de san-
glots, leurs poings crispés se lèvent indignés vers le ciel, et
alors, toutes femmes qu'elles sont, elles s'aperçoivent que ces
bras qu'on croit impuissants sont pleins de vigueur, que ces
cœurs, au lieu d'être glacés par l'horreur, battent à l'unis-
son sous la même poussée chrétienne et patriotique.

D'où vient l'élan? On ne sait. Qui donne le signal? On
l'ignore; mais, tout à coup, cette foule prend à l'unanimité
une résolution virile : on court à l'église, on s'empare de
la châsse de sainte Angadresme, patronne de la ville, on la
confie à quelques faibles jeunes filles, et les femmes, elles,
se font une arme de tout ce qui leur tombe sous les mains.
Haches, épieux, barres de fer, qu'importe! tout est bon qui
peut frapper, et les défenseurs de la ville voient tout à coup
apparaître auprès d'eux sur les remparts et la châsse de la
sainte et ce renfort inattendu de femmes résolues à lutter
jusqu'à la mort.

Les Bourguignons tentent un assaut, une de leurs ban-
nières est déjà plantée sur le rempart ; une jeune fille l'ar-
rache d'une main vigoureuse, et, dans le même moment,
repousse du pied l'échelle appuyée à la muraille. Cette jeune
fille, c'est Jeanne Laisné, qu'au dix-septième siècle seulement on surnommera *Jeanne Hachette*.

L'exemple était trop entraînant pour n'être pas suivi ; quand les femmes ne peuvent se servir des armes qu'elles ont en main, elles jettent des pierres sur les assaillants ; quand les munitions manquent aux défenseurs de la ville, elles se multiplient pour leur apporter, dit un vieux chroniqueur, « grande quantité de trousses de flesches et de pouldres ». Deux fois l'assaut est tenté, deux fois les Bourguignons doivent se retirer.

Cette héroïque résistance ne dura pas qu'un jour ; elle se prolongea jusqu'à l'arrivée de troupes fraîches, et ce fut le 22 juillet seulement que Charles le Téméraire se résigna à lever le siège « en belle nuict, sans trompette, honteusement et villainement ».

Louis XI, un peu par calcul, dit Henri Martin, récompensa les habitants de Beauvais ; il les exempta de tailles, leur permit d'acquérir des fiefs nobles sans avoir à payer les redevances ordinaires ; il leur accorda de plus le droit d'élire leurs magistrats et celui de se réunir en assemblées générales pour discuter les affaires de la commune ; enfin, il institua cette procession qui a lieu encore tous les 27 juin, et où les femmes ont le pas sur les hommes (1).

L'histoire de Beauvais s'arrêterait sur cette page brillante si la ville, au seizième siècle, n'avait joué son rôle encore et n'avait eu ses jours néfastes.

En 1560, un grand scandale éclata en haut lieu, et il en résulta des désordres dans la cité. L'évêque Odet de Chatillon abjura le catholicisme et fut, devant l'émeute et la réprobation générale, forcé de se sauver en Angleterre. On pourrait croire, d'après ceci, que les partisans de la Réforme

(1) Depuis quelques années, la procession du 27 juin n'est plus, à proprement parler, qu'un cortège ; le clergé continue de célébrer le mémorable anniversaire dans les églises, mais sans prendre part à la démonstration publique.

eurent beaucoup à souffrir à Beauvais; il n'en est rien pourtant, et la Saint-Barthélemy n'y fit aucune victime. Néanmoins la tranquillité publique était compromise, les différences de castes s'accentuaient, et, en 1577, les pauvres s'ameutaient violemment contre la classe bourgeoise. Trois ans plus tard, la peste sévissant également sur les riches et sur les malheureux décimait la population. Enfin, en 1589, Beauvais accorda son adhésion à la Ligue; la guerre civile recommença alors et quelques massacres eurent lieu; mais l'apaisement se fit aussitôt après l'abjuration de Henri IV.

Au dix-septième siècle, une ère de prospérité semble s'ouvrir pour Beauvais; on y fonde, en 1664, la manufacture de tapisseries qui fait encore sa gloire.

Lors de la Révolution, la ville accueillit favorablement les premières réformes; elle se montra dévouée à la Constituante, mais ne dissimula pas sa pitié pour Louis XVI, quand il fut exécuté; néanmoins la Terreur fit ici peu de victimes.

Les désastres de 1814 trouvèrent la population fidèle à son vieux patriotisme; mais elle dut subir l'invasion étrangère. En 1870, elle revit un corps de deux mille Saxons.

Nous connaissons maintenant le passé de la ville, nous allons en entreprendre la visite.

Le faubourg Saint-Jacques.

Moins banale que la plupart des gares provinciales, la gare de Beauvais, avec ses trois pavillons aux belles proportions, ses tours crénelées, son doux ton de brique rousse, son caractère un peu grave enfin, semble avertir le touriste qu'il entre dans une cité historique et guerrière.

Débarrassé de l'obsession d'une douzaine de *voiturins*, qui nous offrent leurs services, nous suivons pendant quelques instants le boulevard de Paris et nous traversons la

VUE PANORAMIQUE DE BEAUVAIS.

DESSIN DE F. HOFFBAUER.

voie ferrée par un passage à niveau que prolonge un pont
jeté sur le Thérain, jolie rivière qui, à l'est et au sud de la
ville, actionne plusieurs usines et moulins. Ici, elle sépare
Beauvais de son faubourg Saint-Jacques, dont nous allons,
pendant un moment, monter la rue centrale.

Laissant à notre droite un bureau d'octroi, à notre gauche
un temple protestant, nous atteignons bientôt la rue du
Réservoir, qui nous conduit à l'entrée d'un parc dessiné
en 1879 par l'architecte Lhuillier; ses sinueuses allées gra-
vissent un coteau, dont on atteint rapidement le sommet.
Là apparaît soudain le panorama de la ville.

C'est un indescriptible entassement de toits aigus et bruns
pour la plupart, au milieu desquels le regard cherche en
vain le sillage des rues et l'éclaircie des places, et que do-
minent trois masses, l'une rouge, l'autre grise, la dernière
blanche. La première est la vaste construction de l'École
Saint-Joseph, dirigée par les pères du Saint-Esprit; la
deuxième est la cathédrale, haute, puissante, découpant sur
le ciel les vives arêtes de son toit, les fleurons de ses pinacles, et reflétant, quand un rayon de soleil la frappe,
toutes les couleurs du prisme dans la vaste circonférence
d'une rose de son portail méridional ; enfin, la troisième est
celle de l'église Saint-Étienne.

Autour de la ville, ceinture fraîche et verte, courent les
boulevards plantés d'arbres et les canaux qui ont remplacé
les anciens remparts. Certes, le spectacle a sa beauté ; mais
combien devait-il être plus original et plus pittoresque
quand, avant 1480, un clocher léger s'élevait au-dessus de
Saint-Étienne, quand la gigantesque flèche de la cathédrale,
écroulée en 1573, pointant dans l'air, dessinait son dernier
fleuron à 153 mètres du sol, et semblait chanter le triomphe
de l'art gothique, quand, parmi ces toits aigus et pressés,
l'œil reconnaissait les constructions des abbayes de Saint-

Quentin et de Saint-Lucien, les flèches aujourd'hui disparues de Notre-Dame du Châtel ou de Notre-Dame du Thil, et enfin nous ne savons combien d'églises paroissiales et conventuelles aux clochers si nombreux, que la cité était surnommée *la ville sonnante.*

Ne perdons pas notre temps à regretter le passé, et continuons notre promenade dans le faubourg. Nous allons arriver bientôt devant l'École normale, vaste et beau bâtiment dont les trois corps entourent une cour d'honneur divisée en pelouses.

La construction de l'édifice est toute récente; les plans, fort intelligemment compris, ont été dressés par M. Wallez; les travaux étaient achevés en 1884.

Un peu plus haut dans le faubourg, au fond d'une cour que ferme une grille, s'élève la gracieuse église Saint-Jacques. C'est un édifice moderne encore; il a été construit par les ordres de Mgr Gignoux, évêque de la ville, qui en posa la première pierre le 14 juillet 1875. Un architecte d'Amiens, M. Delefortrie, en a dressé les plans, en s'inspirant du style du treizième siècle.

Un clocher carré, surmonté d'une lanterne octogonale et d'une flèche dont la pointe atteint 50 mètres de hauteur, s'élève sur la façade et lui donne grand aspect. Haute et claire, la nef centrale est accostée de bas côtés se terminant en chapelles; une vaste tribune s'ouvre au-dessus du portail, et des galeries forment triforium. Le chœur est éclairé par sept hautes fenêtres ogivales à têtes tréflées, surmontées de rosaces à six feuilles et garnies de verrières signées Lévêque.

Nous allons maintenant redescendre le faubourg et entrer en ville par la rue de Paris.

La ville.

Dès le premier moment et en jetant les yeux autour de nous, nous apercevrons déjà deux ou trois de ces vieilles maisons, si communes à Beauvais, dont le premier étage s'avance en saillie sur le rez-de-chaussée, dont le pignon aigu, percé d'une lucarne au sommet, s'enveloppe d'un toit immense, constructions originales qu'ornent parfois des sculptures, ici presque frustes, là admirablement conservées, des cariatides, des carrés et des losanges formés par les poutres, des statuettes de saints debout dans leurs niches, des animaux allégoriques, des chimères, des imbrications de carreaux, enfin toutes ces fantaisies charmantes qui, aux quinzième et seizième siècles, tenaient ingénieusement, pour nos pères, le rôle aujourd'hui confié au froid numérotage. En ces temps-là, on demeurait à la *Belle Image* ou au *Cheval d'or* ; aujourd'hui, on loge rue de l'Abbé-Gellée, n° 14, ou rue de la Manufacture-Nationale, n° 20.

Mais en acceptant les modes nouvelles, on n'a pas entièrement oublié celles qui furent chères à nos pères, et si vous errez un soir dans les rues de la ville, vous serez étonné peut-être, mais à coup sûr charmé, quand vous rencontrerez, revenant d'un dîner ou d'une veillée, quelque bonne bourgeoise beauvaisienne regagnant son logis en vinaigrette.

La rue de Paris nous a justement conduit à la rue de la Manufacture. A notre droite, à travers des cours et des ruelles, nous apercevons le gymnase et les vastes bâtiments de l'institution du Saint-Esprit ; à notre gauche, au milieu d'une froide façade, au-dessus d'une haute porte ronde, flotte le drapeau tricolore et se lit cette inscription : *Manufacture nationale de tapisseries.*

Nous l'avons dit, c'est en 1664 que s'ouvrirent les ateliers
de Beauvais. On a souvent fait à Colbert l'honneur de cette
création ; il est
certain qu'il l'en-
couragea, mais le
véritable fonda-
teur est Louis Hi-
nard, qui, dès le
début de son en-
treprise, sut lui
assurer une véri-
table supériorité.
Le succès qu'il ob-
tint ne fut peut-
être pas étranger
à la fondation de
la Manufacture
royale des Gobe-
lins, que le mi-
nistre fit décider
trois ans plus
tard.

Quant à l'État,
ce n'est qu'en
1789 qu'il devint
propriétaire de la
maison où nous
entrons.

Le souvenir des
Gobelins s'im-

La maison aux carreaux de faïence.

pose à tout visiteur qui pénètre dans les ateliers de Beauvais ; mais, dès le premier moment, il remarque une diffé-
rence dans les procédés de fabrication. Aux Gobelins, l'ar-

UN ATELIER A LA MANUFACTURE DE TAPISSERIES.

DESSIN DE A. SIROUY.

tiste travaille sur une chaîne placée verticalement devant
lui et doit, en quelque sorte, tracer son dessin au fur et à
mesure de l'exécution. A Beauvais, la chaîne forme un plan
horizontal, et un calque sur papier végétal placé au-dessous
d'elle indique les contours à suivre. Il résulte de cette disposition que, le pied remplaçant la main pour soulever la
trame, le travail est accompli en un temps moins long.

Les sujets que reproduisent les tapisseries de Beauvais
diffèrent aussi de ceux qu'affectionne la manufacture pari-
sienne. Ici, point de portraits, point de scènes d'histoire;
mais combien de gracieux ornements, de fraîches fleurs,
de jolis animaux, de ravissants paysages et de séduisantes
mythologies! Après avoir reconnu l'exactitude avec laquelle
la moindre touche du peintre est rendue, on ne sait ce qu'on
doit le plus admirer, de la fraîcheur de l'œuvre, de la sa-
veur du coloris ou de la perfection du travail, qui, en certains cas, arrivent à ce point à faire illusion, qu'on prendrait
volontiers ces admirables tapisseries pour les peintures
dont elles ne sont que l'intelligente reproduction.

Une cinquantaine d'artistes travaillent sur les métiers de
Beauvais. Dans un atelier, vous verrez de tout jeunes gens,
à leur début encore, et s'essayant à reproduire quelque bou-
quet de Chabal ou de Cesbron. Dans d'autres, des hommes
mûrs, artistes consommés, travaillent quelquefois pendant
cinq années consécutives à la confection d'une tapisserie
d'après Gérôme ou Français.

Dans le musée de la maison, on conserve précieusement
quelques tapisseries exécutées d'après Oudry, Théodore Rous-
seau, Mazerolle, etc. Ici ce sont des *Saisons*, là des scènes
de chasse, ailleurs l'interprétation de quelques fables de La
Fontaine, tout cela admirablement décoratif, séduisant l'œil
et étonnant l'esprit par une finesse d'exécution que les Gobelins n'atteignent pas toujours.

Par la rue Colbert, nous pouvons gagner la rue Villiers-de-l'Isle-Adam. Là se développe la façade de l'école secondaire fondée par les pères du Saint-Esprit, il y a quelques années seulement ; un clocher monumental complétera avant peu l'ensemble des constructions. Grâce à lui, le touriste cessera d'être tenté de prendre pour une usine cet immense quadrilatère de brique.

La rue Nully-d'Hécourt s'ouvre devant nous ; nous y pouvons visiter l'école et la chapelle des frères : l'école, une institution dont la ville est fière ; la chapelle, un bijou architectural.

Disons quelques mots de l'institution avant d'en franchir la porte.

C'est en 1833 qu'elle fut fondée par le frère Ménée. École primaire à ses débuts, elle devint bientôt un pensionnat, puis la direction de l'École normale lui fut confiée ; enfin, en 1855, elle créa l'Institut agricole de Beauvais, dont nous parlerons tout à l'heure.

Nous passerons rapidement à travers les salles d'études, les réfectoires, les dortoirs de l'institution, toutes pièces vastes, saines, claires et parfaitement aménagées. Peut-être nous sera-t-il permis de jeter un coup d'œil sur quelques-unes des soixante-dix chambres qu'habitent les grands élèves. Ici l'uniformité du pensionnat disparaît ; chacun orne et dispose son chez soi selon ses goûts ; l'ensemble est d'une variété charmante. Tandis que les livres de science s'entassent chez un élève, un autre couvre les murs de sa chambre de dessins ou d'études peintes ; chez un troisième, vous verrez, sur une selle de sculpteur, un bloc de glaise entouré d'un linge humide ; celui-ci vous montrera ses herbiers, celui-là sa collection de coléoptères, etc. Vous le voyez, nulle tendance n'est entravée, toute vocation est non seulement permise, mais encouragée, car on est artiste chez les frères, et nous allons en avoir la preuve en visitant la chapelle.

Celle-ci fut construite en 1864 sur les plans de M. Delefortrie; elle a la forme d'une croix latine, et l'architecte a fort habilement imité le style du treizième siècle. L'intérieur est luxueusement orné de peintures murales dues pour la plupart à M. Grelet (alors frère Athanase), élève d'Horace Vernet; la plus remarquable de ces compositions est une *Assomption de la Vierge*, qui décore le transept gauche. En regard, le même artiste a représenté *Pie IX instituant l'Archiconfrérie de Saint-Joseph*. Dans la nef, des processions de saints et de saintes rappellent la belle décoration dont Flandrin a orné l'église Saint-Vincent de Paul, à Paris. Deux panneaux de cette série se distinguent par l'éclat et la vigueur de leur coloris; ils ont été exécutés par M. Achille Sirouy, l'artiste bien connu, qui, disons-le en passant, est né à Beauvais.

Ce sanctuaire est le siège de l'Archiconfrérie de Saint-Joseph, fondée en 1859; les blasons que vous voyez dans la chapelle sont ceux des provinces, villes, diocèses, prélats, qui ont concouru au développement de l'œuvre.

Les vitraux, sortis des ateliers de M. Levêque, reproduisent toutes les scènes évangéliques et légendaires de la vie de saint Joseph.

L'Institut agricole, annexé à la maison en 1855, est aujourd'hui en pleine prospérité. Il possède plusieurs établissements où l'instruction agricole théorique et pratique est donnée par d'éminents professeurs. Visitez, si vous en avez le loisir, la ferme organisée de Notre-Dame du Thil, la belle école d'arboriculture établie au château de Beauséjour, à Tillé, et vous vous rendrez compte, non seulement de l'importance de l'institution, mais encore, en voyant toute une jeunesse ardente suivre des cours de mathématiques, d'arpentage, de chimie, de zoologie, travailler au jardin, aux champs, à la ferme, vous comprendrez que vous êtes ici dans une féconde pépinière d'agriculteurs instruits, préparés à comprendre et à appliquer toutes les méthodes nouvelles.

En quittant la chapelle des frères, nous suivons pendant quelques instants la rue de la Madeleine, puis nous prenons la rue des Halles, où nous rencontrons les halles où se vendent les laines, les poissons, les légumes et les fruits; elles ont été construites en 1860 par M. Lequesne dans le goût parisien. Deux grilles qui les ferment proviennent des anciennes portes de la cité.

Le vieux Beauvais : rue des Épingliers.

Un léger crochet à gauche, par la rue Louvel, nous amène sur la place de l'Hôtel-de-Ville; du point où nous sommes, nous pouvons l'embrasser dans son ensemble.

C'est la place la plus vaste et aussi la plus animée de
Beauvais. Elle a 10 000 mètres de superficie, et bien que
d'antiques maisons y dressent leurs pignons anguleux, bien
que de vieux piliers grimacent encore devant quelques rez-
de-chaussée obscurs (1), bien que des ruelles, rues du vieux
Beauvais où le soleil ne pénètre jamais, s'ouvrent çà et là
— l'étroite rue des Épingliers et la pittoresque rue de la
Taillerie sont du nombre — un souffle de coquetterie a
passé sur ce quadrilatère; les hôtels, les magasins, les
boutiques, ont un aspect moderne qu'on chercherait en
vain dans les autres quartiers. Ajoutez à cela, pour attirer
l'œil sinon pour le réjouir, une multitude d'enseignes peintes
en lettres gigantesques, en couleurs voyantes, à tous les
étages des façades, et vous aurez une idée de la physionomie vraiment gaie de la place de l'Hôtel-de-Ville.

Chaque samedi, jour de marché, elle se couvre dans toute
son étendue de tentes abritant les vendeurs de céréales,
d'ustensiles de ménage, d'objets de toilette, etc.; la circu-
lation devient difficile au milieu des longues files d'ache-
teuses qui ondulent, indolentes et curieuses, et des groupes
où se discutent les cours. Alors, au-dessus d'une longue
perspective de coutils gris, au milieu d'une forêt de bâtons
soutenant ces abris fragiles, parmi les longues rangées de
sacs amoncelés, de ferrailles étalées à terre, de lingeries
légères tournoyant dans la brise, c'est à peine si l'on voit la
silhouette de la vaillante Jeanne Hachette, debout sur un
piédestal au centre de la place.

Ce beau bronze, solennellement inauguré le 6 juillet 1851
en présence du prince Louis-Napoléon, alors président de
la République, est l'œuvre de M. Vital-Dubray. L'artiste a
représenté l'héroïne au moment où, du pied gauche, elle

(1) Une de ces maisons, dite des *Trois Piliers,* est classée parmi
les monuments historiques.

vient de repousser l'échelle appliquée par les Bourguignons au mur du rempart, où elle tient d'une main l'étendard conquis, et de l'autre met sa hache en garde pour le
défendre contre une attaque possible.

Jeanne porte le costume des femmes de condition moyenne
de la fin du quinzième siècle. Sa robe longue est fermée au-
dessous du cou ; elle n'a d'autre parure qu'une petite croix
sur la poitrine. Son allure est résolue, mais ses formes
ont la grâce de la jeunesse, et sa physionomie, bien qu'illuminée par l'enthousiasme patriotique, conserve un caractère virginal qui ajoute un charme de plus à la virilité
de son action. C'est bien — et l'artiste le fait admirablement comprendre — la fille du peuple dans tout l'épanouis-
sement de sa beauté saine et forte, la créature à la fois
pieuse et vaillante entraînée par l'élan de son grand cœur et
telle que nous aimons à nous représenter cette figure qu'on
a tenté de rejeter au rang des personnages légendaires.

C'est en 1850, au moment où il était question d'élever
une statue à l'héroïne de Beauvais, que Paulin Paris s'a-
visa d'émettre un doute sur son existence, et de prouver en
même temps que le drapeau conservé à l'hôtel de ville de
Beauvais avait dû être confectionné environ cinquante ans
après l'assaut de 1472.

Laissons de côté, pour l'instant, la question du drapeau,
nous y reviendrons plus tard, et ne nous occupons que de
la personnalité de Jeanne.

Le document le plus ancien qu'on puisse consulter à son
propos est un écrit intitulé *Discours du siège*, composé certainement par un témoin des événements, bien qu'il n'ait
été publié pour la première fois qu'en 1622.

Ici l'existence de Jeanne est bien et dûment constatée ;
nous citons : « L'une desdites jeunes filles de Beauvais,

nommé Jeanne Fourquet, sans autre baston ou ayde, print
et arracha à l'un desdits Bourguignons l'estendart qu'il te-
noit, et le porta en l'église des Jacobins. »

On a diversement expliqué l'erreur de l'écrivain appelant
Fourquet la jeune fille qui se nommait Laisné. Nous ne
nous arrêterons pas à ce détail, il est sans importance si
l'on se reporte aux lettres patentes données à Senlis par
Louis XI, le 22 février 1473.

Dans ces lettres, nous lisons que « pour considération de
la bonne et vertueuse résistance qui fut faicte l'année dernière passée par notre chère et bien amée Jeanne Laisné,
fille de Mathieu Laisné, demeurant en nostre ville de Beauvais, à l'encontre des Bourguignons, etc. » Voici le nom et la
parenté de Jeanne parfaitement établis. Les lettres ne sont
pas moins précises à propos du haut fait accompli par elle;
elles disent qu' « elle gagna et retira devers elle ung estan-
dart ou bannière desdits Bourguignons, ainsi que nous es-
tans dernièrement en nostre dicte ville de Beauvais, avons
été de ce duement informez ». Remarquons-le en passant,
Louis XI est ici beaucoup plus affirmatif que dans les lettres
de 1468, dont nous avons parlé à propos de la naissance de
saint Louis à la Neuville-en-Hez. Mais ce n'est pas de saint
Louis qu'il s'agit, revenons à Jeanne Laisné. En continuant
la lecture du document, nous voyons que la jeune fille est
sur le point de contracter mariage avec un certain Colin
Pilon, et le roi entend que « lesdits Colin Pilon et Jeanne,
sa femme, soient et demeurent leur vie durant francs, quittes
et exemps de toutes les tailles qui sont et seront doresnavant
mises sus et imposées par nous en nostre royaume ».

En présence de ce document nous croyons avec M. Ernest
Charvet, qui l'a cité (1), que l'existence de Jeanne Laisné et

(1) *Le Drapeau de Jeanne Hachette et les Armes de Beauvais*,
Beauvais, 1885.

son rôle dans la journée du 27 juin 1472 ne sauraient donner lieu à aucune contestation.

Quant au surnom de Hachette donné à l'héroïne beauvaisienne, il ne paraît pas antérieur au commencement du dix-septième siècle ; on le trouve écrit pour la première fois dans l'*Histoire de Navarre* d'André Favin, parue en 1622, et la première peinture qui représente l'héroïne une hache à la main est un tableau de Le Barbier conservé à l'hôtel de ville et qui eut un certain succès au Salon de 1780.

L'hôtel de ville développe sa façade sur la partie sud-est de la place, entre les rues Saint-Jean et de l'Écu. Dès 1651, la maison commune s'élevait en cet endroit. Elle avait été bâtie aux frais de l'évêque Augustin Potier, sur un terrain donné par son neveu Nicolas de Buzenval. Sous la direction de l'architecte Bayeux, on la reconstruisit sur de plus vastes proportions en 1752.

Le monument a assez grand air ; avec sa haute porte, les larges fenêtres de son unique étage, la rangée de balustres qui le couronne, son cadran d'horloge surmonté des armes de la ville (1) et sa sobre décoration composée de pilastres d'ordre ionique et de guirlandes de fleurs sculptées, il contraste par sa régularité un peu solennelle avec les constructions antiques qu'on voit sur la place.

Pénétrons sous la voûte et gravissons le grand escalier. Dans le vestibule, nous rencontrerons un *Faune dansant*,

(1) Les armes anciennes de Beauvais, telles qu'on peut les voir à la cathédrale sur la tapisserie qui représente une vue de la ville au seizième siècle, étaient de *gueules au pal d'argent*. Des lettres patentes du 23 avril 1812 les ont modifiées. Beauvais porte aujourd'hui : *de gueules au pieu posé en pal d'argent* avec ce vers latin pour devise :

Palus ut hic fixus constans et firma manebo
(Comme ce pieu fiché, je resterai ferme et inébranlable).

PLACE DE L'HÔTEL-DE-VILLE A BEAUVAIS.

DESSIN DE F. HOFFBAUER.

de Lequesne; au long des murs et sur le palier, des peintures formant une décoration très agréable et une grande
tapisserie du seizième siècle représentant une *Entrée triom-
phale* dans une ville illuminée. Parmi les tableaux, nous
remarquons d'abord le *Siège de Beauvais*, de Le Barbier,
dont nous vous entretenions tout à l'heure, et que le cardinal de La Rochefoucauld donna à la ville en 1788. Malgré
les éloges que l'auteur des *Mémoires secrets* a adressés à
cette composition, nous restons un peu froid devant elle,
et nous nous retournons avec plaisir vers le fond du palier;
il est occupé par *la Fortune* de M. Achille Sirouy, une
œuvre chaude et vibrante, qui figura au Salon de 1872 et que
l'État a donnée à Beauvais.

Dans l'hôtel est une bibliothèque ouverte au public; elle
est fort remarquablement aménagée, et ses rayons renfer-
ment environ 20 000 volumes, des manuscrits et des autographes. C'est dans la grande salle de cette bibliothèque,
en belle place, au-dessus d'une baie ouverte, qu'on conserve
précieusement sous une vitrine l'étendard que Jeanne
Hachette enleva aux Bourguignons.

L'authenticité de cette précieuse relique a été contestée,
nous l'avons dit plus haut. Paulin Paris et, plus tard, M. Ta-
mizey de Larroque ont voulu voir en elle un drapeau espa-
gnol. Plusieurs Beauvaisiens, et particulièrement M. Re-
naud Rose, ont combattu les moyens invoqués, et, les pièces
du procès sous les yeux, il nous paraît difficile de conserver un doute.

Le drapeau qu'on voit à l'hôtel de ville est bien un étendard bourguignon; il était encore dans l'église des Jacobins
en 1790, quand la vente des biens du clergé fut décrétée.
Les dames de Beauvais demandèrent alors son transfère-
ment à l'hôtel de ville; il fut fait droit à leur requête. Caché
pendant la dernière guerre, l'humidité a achevé de le dété-

riorer, et les attributs et devises qui l'ornaient sont devenus
à peu près invisibles.

L'administration en a fait exécuter un fac-similé dans les
ateliers de la Manufacture. On y voit une grande figure de
saint Laurent armé de son gril, deux couleuvrines en sau-
toir, des armoiries et des devises qui, toutes, ont été dif-
féremment expliquées, mais qui, en définitive, paraissent
bien appartenir à la maison de Bourgogne. Le drapeau original a 1m,26 de largeur près de la hampe, et dans l'état
actuel, privé de ses pointes, il ne mesure pas plus de
2 mètres de longueur.

En quittant la bibliothèque, vous pourrez visiter la salle du
conseil, vaste et belle pièce que décorent cinq grandes compositions de M. Diogène Maillart, exécutées de 1886 à 1890.
L'une d'elles, inspirée par les *Commentaires* de César et les
souvenirs historiques de la province, nous fait assister à la
Mort de Corréus, héros bellovaque ; les autres racontent élo-
quemment l'histoire municipale de la ville et la glorieuse
journée du 27 juin 1472. Voici leurs titres dans l'ordre
chronologique : *l'Affranchissement de la commune par Louis
le Gros, l'Investiture du maire, Jeanne Hachette à la tête des
femmes de Beauvais, Louis XI après le siège félicitant la mu-
nicipalité et l'héroïne.* Tout cela, saisissant, mouvementé,
d'une excellente ordonnance, d'un dessin irréprochable.

Ajoutons que l'artiste, dans deux de ces tableaux, a repro-
duit les traits de quelques contemporains ; autour de Louis VI
vous reconnaîtrez Guizot, Ingres, Chevreul, Michelet, Meis-
sonier, Renan, Léon Cogniet, Robert-Fleury, etc. ; autour de
Louis XI, M. Gérard, maire de Beauvais en 1890, et la plupart des conseillers municipaux.

Nous avons vu tout à l'heure la rue des Épingliers dont
les maisons se penchent les unes vers les autres au point

de se toucher par leurs sommets; ne quittons pas la place
de l'Hôtel-de-Ville sans nous arrêter devant l'originale
petite rue de la Taillerie. Ici, entre les vieilles façadesgrises
où les poutres, crevant le crépi, dessinent de bruns losanges,
nous verrons, singulièrement équilibrée, solide encore, sorte
de pont aérien coiffé d'un toit aigu et percé de fenêtres
carrées, une maison formant sur l'étroit espace, un trait
d'union inattendu entre les constructions qui bordent la
ruelle. C'est, ainsi que la rue des Épingliers dont nous avons
donné la vue, un des plus curieux coins du vieux Beauvais.

Nous allons visiter maintenant un monument religieux.
La rue Saint-Jean, qui s'ouvre à droite de l'hôtel de ville, va
nous conduire en peu d'instants devant l'église Saint-
Étienne; mais ne pressons point trop le pas et ne man-
quons point de regarder la maison dite *de l'Image Saint-
Jean*. Quel artiste inconnu a fouillé, au seizième siècle, les
sculptures de sa façade? Nul ne saurait le dire. Aucun
touriste, pourtant, ne passe indifférent devant les groupes
si vivants, si mouvementés, qui ornent la porte centrale :
Hercule vainqueur du lion de Némée et *Samson déchirant le
lion de Gaza*.

L'église, vers laquelle nous nous dirigeons, est, dit-on,
le plus ancien temple chrétien de la cité. S'il faut en
croire la tradition, elle fut fondée par saint Firmin, vers l'an
275, et reçut, au milieu du neuvième siècle, les reliques de
saint Vaast, apportées d'Arras. Mais rien ne reste de l'édifice primitif et les parties les plus anciennes du monument, la nef presque en son entier, les bas côtés et le transept, ne remontent pas au delà du onzième siècle. Sur la
façade et dans la première travée de la nef apparaît le treizième siècle dans toute la splendeur de son style; le quinzième complète le monument par la construction du chœur;
enfin la lourde et disgracieuse tour que vous voyez rem-

place, depuis 1598, un clocher plus élégant qui s'est écroulé
en 1480. L'édifice, on le comprend d'après cet aperçu, est
en partie roman, en partie ogival.

Dès qu'on entre à Saint-Étienne, on est frappé d'abord des
vastes proportions du chœur, aussi long que la nef, et du
contraste des styles régnant en ces deux parties de l'édifice.
Autant les piliers sont robustes dans l'une, autant les colonnes sont sveltes dans l'autre; ici les chapiteaux sont
massifs; là les nervures s'élancent, coquettes et hardies,
jusqu'à la clef de voûte; ici la lumière est tamisée, là elle
est éclatante.

L'église est très ornée et quelques-unes des peintures et
sculptures anciennes qu'on y rencontre présentent un très
réel intérêt.

La première de ces œuvres qui frappe, en entrant, nos
regards, est une sainte Wilgeforte, vierge dont la représentation, fréquente en Espagne, en Belgique et en Portugal,
son pays d'origine, est fort rare chez nous.

Un artiste du seizième siècle est probablement l'auteur du
travail que nous voyons ici; il nous montre la sainte, gran-
deur nature, attachée à la croix par des cordes, couronne
au front (elle était fille de roi) et barbe au menton (elle avait
prié Dieu de la rendre laide pour ne se point marier). Le
bois de cette statue était autrefois peint et doré; couleurs et
dorures ont disparu.

Près de là, sur un pilier de la nef, nous voyons, au-dessus
d'une sorte de rocher, un groupe gracieux de saints personnages, *Jésus, Marie, saint Joseph* et *saint Étienne*, dominé
par une *Mater dolorosa;* le tout s'abrite sous trois dais richement ciselés. La figure du donateur, un chanoine, est
sculptée en petit aux pieds de Jésus.

Arrêtons-nous un instant à la chapelle des Morts, dans le
transept méridional; elle renferme quelques peintures sur

bois qui font penser au vieux Memling, et son autel est surmonté d'un retable encadrant une *Descente de croix*, signée

Un pilier de la nef à Saint-Étienne.

L. Depape et datée 1724; la scène très dramatiquement composée est enveloppée par les convulsions d'un violent orage.

A l'entrée du chœur, signalons un saint Étienne et un saint Vaast peints par Mauperin en 1777 et un panneau du quinzième siècle représentant la *Rencontre de saint Joachim et de sainte Anne*, malheureusement fort abîmé, mais séduisant encore par sa naïveté.

Plus loin, dans la chapelle de Saint-Eustache, une statue en pierre de *Notre-Dame de Bon-Secours*, belle œuvre du quinzième siècle, s'embrase de reflets quand le soleil frappe sur les vitraux racontant la vie de saint Eustache et quelques épisodes de celle du Christ. Ces verrières, datées de 1553 et 1554, sont d'une composition très heureuse, d'une coloration fort puissante et agrémentées de légendes explicatives et d'inscriptions dont le sens, peut-être clair il y a trois cents ans, paraît aujourd'hui énigmatique, pour ne pas dire incompréhensible.

L'église était très riche en verrières; mais elle fut transformée en magasin de fourrage sous la Révolution, et la plupart des brillantes compositions qui ornaient ses fenêtres ne sont maintenant représentées que par des fragments assez intéressants pour faire regretter l'ensemble.

Parmi celles qui sont restées complètes ou ont été habilement restaurées, il faut citer en première ligne *l'Arbre de Jessé*, qui décore la chapelle Saint-Claude. Là, le verrier, Engrand Le Prince, a laissé son portrait pour signature, et, parmi les nombreux personnages qui, sur un fond d'azur, semblent sortir des branches fleuries de l'arbre, il a peint les figures de plusieurs rois, parmi lesquels on reconnaît saint Louis, Louis XI et François I.

Signalons encore, dans la chapelle Saint-Sébastien, *les Quatre Translations de la maison de Lorette*, verrières aussi remarquables par la puissance du coloris, l'ingéniosité de la conception que par la pureté du dessin. Enfin, dans la chapelle Saint-Pierre, les vitraux, peints en 1548, sont consa-

VITRAIL DE LA CHAPELLE SAINT-CLAUDE

DESSIN DE A. SIROUY.

crés à la glorification de saint Pierre, de saint Paul et de
saint André.

Admirons enfin, il le mérite, le retable de la chapelle
Sainte-Marthe représentant l'*Ecce homo* entre sainte Marguerite, qui foule un dragon aux pieds, et sainte Marthe,
qui tient un bénitier, et, quand nous aurons vu la chaire
Louis XV, à la cuve ornée des figures sculptées des quatre
évangélistes, nous nous arrêterons un moment devant un
petit tableau, tournant sur pivot, accroché au dernier pilier gauche de la nef; d'un côté il représente *la Circonci-
sion,* de l'autre la légende du *Seigneur qui a vendu sa femme
au diable,* et trouve en son lieu, sur la croupe de son cheval,
la vierge Marie accourue au secours de l'infortunée dame.

Le peintre Oudry, mort le 1er mai 1755, était marguillier
de Saint-Étienne et fut inhumé dans les caveaux de l'église;
vous verrez son épitaphe sur le mur du bas côté gauche,
non loin du monument élevé à la mémoire de Constancien
Potier, curé de la paroisse, mort en 1870. L'auteur de cet
édicule, M. V. Lhuillier, a souvent été mieux inspiré.

Au sortir de l'église, nous nous retrouvons rue Saint-
Jean, et vis-à-vis de nous, à l'angle de la rue Louis-Graves,
nous voyons une maison ornée d'une statuette de sainte
Angadresme. C'était là jadis une boulangerie banale ; mais
une tradition locale se rattache à ce lieu, et nous ne résis-
tons pas au désir de vous la conter brièvement.

En ce temps-là, sainte Angadresme était venue faire ses
dévotions à l'église Saint-Michel ; trouvant la lampe éteinte,
et désirant la rallumer, elle se rendit auprès du boulanger,
qui travaillait à son four et lui demanda du feu. Tout à sa
besogne, peu satisfait d'être dérangé, l'ouvrier lui jeta bru-
talement quelques charbons embrasés; Angadresme les
reçut dans ses vêtements sans qu'ils fussent brûlés ni en-

dommagés. Le boulanger, terrifié, se jeta aux pieds de la sainte, implora son pardon... et l'obtint.

N'est-ce pas aussi joli que le miracle des roses d'Élisabeth de Hongrie?

Au milieu de la rue Louis-Graves, nous rencontrons la rue Molière. Ceci nous révèle que nous approchons du théâtre de la ville; nous le trouvons effectivement au fond d'une place voisine. Assez grand, froid d'aspect, il a été construit en 1831, par Landon; il occupe l'emplacement d'une salle établie en 1792 dans un ancien couvent de minimes.

Prenons maintenant la rue du Prévost, laissons à notre droite la place Saint-Michel, saluons au passage quelques vieilles maisons à encorbellements, aux poutres saillantes, ornées de masques grimaçants; à notre gauche, à l'extrémité de la rue, le couvent des dames Saint-Joseph de Cluny, dont quatre belles arcades romanes, restes d'une construction disparue, semblent former une décoration sur le mur extérieur, et arrêtons-nous sur la place Saint-Pierre.

Ici nous avons devant nous l'éblouissant portail de la cathédrale et tout le flanc méridional du haut édifice; au pied, à gauche, nous apercevons l'église de la Basse-Œuvre, un nain auprès d'un géant; plus loin, les deux tours de l'ancien évêché; au fond d'un jardin, le palais de justice, avec sa tourelle saillante et ses jolies fenêtres renaissance, puis auprès de Notre-Dame de la Basse-Œuvre, la mesquine entrée du musée.

On le voit, là semblent s'être groupés les plus intéressants monuments de la ville. Visitons le palais de justice d'abord.

Ce bâtiment, d'aspect à la fois civil et militaire, est l'ancien évêché. Originairement, il fut le château des comtes de Beauvais; il devint, en 1791, le siège de l'administration

PLACE SAINT-PIERRE À BEAUVAIS.

DESSIN DE F. HOFFBAUER.

départementale, et, sous Louis XVIII, fit retour aux évêques.
C'est en 1842 qu'il fut converti en palais de justice. Les
deux puissantes tours rondes flanquant la porte ogivale
qui lui sert d'entrée ont été construites en 1306, par l'évêque
Simon. Elles ont deux étages et s'achèvent par des toits en
poivrière; entre elles s'ouvre, veuve maintenant de ses
herses, la porte couronnée de créneaux et de mâchicoulis.
Vous le voyez (les temps troublés dont nous avons conté
l'histoire l'expliquent), le palais des évêques était une véritable forteresse. Aujourd'hui, dans ces tours qui ont si longtemps assuré la sécurité des prélats et menacé les bourgeois
mécontents, ces derniers sont chez eux : le tribunal de commerce y tient ses audiences.

Un jardin sépare cette partie du palais de son principal
corps de logis, entièrement reconstruit en 1500, par l'évêque
Louis Villiers de l'Isle-Adam. Le long bâtiment qui réunit la
voûte au palais est occupé par une caserne de gendarmerie.

Après avoir franchi la voûte et dépassé ces tours mena-
çantes, c'est avec un réel plaisir qu'on contemple la gracieuse façade du palais, sa porte en accolade, ses tourelles,
son beffroi, les fenêtres ogivales de sa chapelle, et, sur son
toit gris, les cinq taches blanches que jettent d'autres
fenêtres sculptées à jour, surmontées de clochetons et décorées d'armoiries, parmi lesquelles on remarque l'écusson de
France, celui de Philippe de Dreux et celui de Louis
Villiers de l'Isle-Adam.

Sur la façade du nord, qui se développe au-dessus du ca-
nal, à l'ombre des arbres du boulevard de la Justice, le
reconstructeur du seizième siècle a rétabli, telle qu'elle exis-
tait originairement, une tour romane ayant pour base un
travail gallo-romain.

Si nous pénétrons dans l'intérieur du palais, nous pour-
rons visiter successivement la salle des Assises, ornée d'une

copie du *Christ* de Rubens, exécutée en 1850 par E. Dieu-
donné; la chambre du Conseil, avec sa belle cheminée de
marbre, le cabinet du juge d'instruction placé dans la tour
romane, dont la décoration polychrome est d'un goût charmant, la bibliothèque, installée dans l'ancienne chapelle,
jolie pièce éclairée par cinq fenêtres ogivales, la salle du
Conseil, où sont conservés des portraits d'anciens magis-

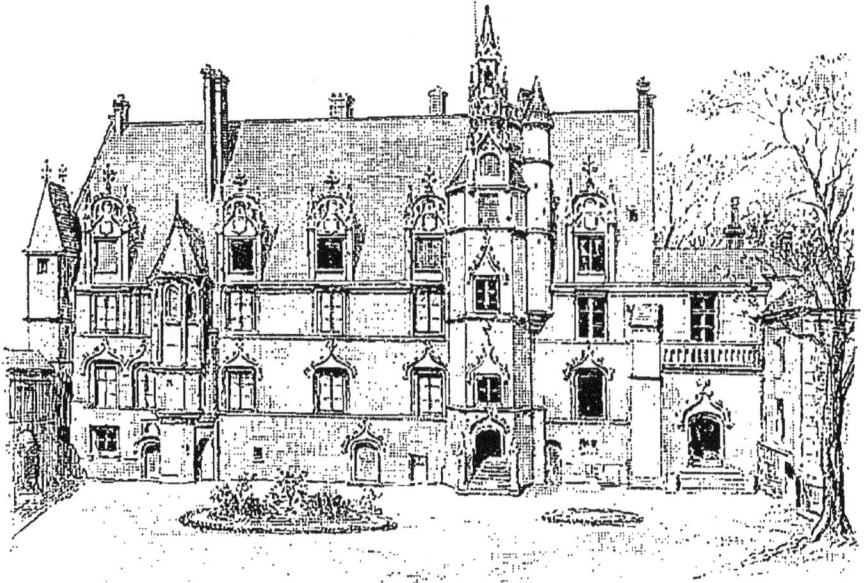

Façade du palais de justice.

trats; enfin, dans la tour de l'horloge, nous verrons une
cloche sur laquelle nous lirons cette inscription : *J'ai nom
Louyse, et m'a fait faire Louys de Villiers, évêque-comte de
Beauvais, pair de France.* Les armes du prélat accompagnent
cette légende. La cloche a été placée en 1506.

Le musée est installé, fort à l'étroit, dans l'ancien local
des archives du Chapitre de la cathédrale; au-dessous des
salles d'exposition subsistent quelques restes du cloître des
évêques, construction du quatorzième siècle. On y conserve
des cercueils en pierre et un assez grand nombre de débris,

chapiteaux, fûts de colonnes, statues manchotes ou déca-
pitées, pierres tombales, etc., toutes choses qui, rangées en
bon ordre, pourraient présenter un réel intérêt au point de
vue de l'histoire locale.

Dans les salles, vous verrez une assez belle collection
d'objets céramiques remontant à l'époque romaine, des
armes, des parures celtiques et mérovingiennes, des sculptures du moyen âge, une curieuse vue du vieux Beauvais,
quelques tableaux, parmi lesquels une *Décollation de saint
Paul*, panneau peint au temps de François Ier, un portrait de Racine, personnalité chère à Beauvais, le poëte
y ayant commencé ses études, une *Jeanne Hachette sur les
remparts*, composition peinte en 1827 par d'Hardivilliers, etc.
La sculpture est représentée par quelques moulages et co-
pies et par une superbe *Ève* de Cambos, plâtre qui figura au
Salon de 1872. Au milieu d'un certain nombre de casques
et d'objets religieux remontant au moyen âge, on remarque
une mitre d'évêque, qui appartint, dit-on, à Philippe de
Dreux.

Entrons maintenant à Notre-Dame de la Basse-Œuvre, ainsi
nommée pour la distinguer de la cathédrale désignée sous le
nom de *Haute-Œuvre*, à cause de sa prodigieuse élévation.

Notre-Dame est le plus vieux monument du diocèse et
l'un des plus anciens de toute la France. On prétend que la
construction fut originairement un temple païen et qu'elle
dut être érigée vers l'an 56 de notre ère. Il est certain que
les assises alternatives de pierres et de briques, le parement
extérieur des murs en petites pierres cubiques, la forme des
ouvertures des cintres accusent une origine romaine. Quant
à la façade percée d'une fenêtre à plein cintre que décore
une curieuse archivolte faite de petits compartiments en
relief ornés de croix diversement disposées, elle a dû être

bâtie vers la fin du dixième siècle. Trois cents ans plus tard
dut s'ouvrir, sur le côté sud, la porte ogivale par laquelle
nous pénétrons dans l'église.
Elle se compose d'une nef,
que des arcades séparent de
ses collatéraux ; les cintres
reposent sur des piliers sans
chapiteaux et sans corniches
alternativement quadrangu-
laires et octogones. Les tableaux qui décorent l'inté-

Église Notre-Dame de la Basse-OEuvre.

rieur, portraits des évangélistes, scènes de la vie de la
Vierge, etc., sont de mince valeur; mais on s'arrêtera sûre-

ment devant les belles tapisseries françaises et flamandes qui cachent la nudité des murs.

Quelques-unes sont exécutées d'après Le Brun; c'est la *Tente de Darius* dans le camp des Perses, *Porus blessé* amené devant Alexandre, l'*Entrée d'Alexandre à Babylone*, etc.; une autre, placée au-dessus de la porte principale, a été faite en 1530, à Beauvais sans doute, et ses sujets rappellent les légendes, qui font remonter les origines de la ville à divers personnages fabuleux. Dans un premier compartiment, on voit *Samothès, fils de Japhet, premier roi des Gaules,* descendant d'un navire près de l'embouchure du *Rosne.* Le paysage représente la Gaule bornée par la *Méditerane* et *Océane,* traversée par le fleuve déjà nommé et la *Seinne* (les noms sont écrits ainsi). Cette inscription explique le sujet : *140 ans après le déluge et 2813 ans avant l'Incarnation, la France, autrement dit la Gaule, eut pour premier roi le savant Samothès, fils de Japhet.* Ne soyez pas surpris de l'épithète de savant accolée au nom du personnage; il passe pour avoir inventé les caractères galates, dont les Grecs se sont inspirés pour créer les leurs. Le second compartiment est consacré à la glorification de *Jupiter Celte,* neuvième roi des Gaules. Ce prince, excellent entre tous, ne levait, assure la légende, ni taille ni tribut sur ses sujets.

La tapisserie flamande, belle œuvre du quinzième siècle, représente divers épisodes des derniers jours de la vie du Christ : *le Lavement des pieds, la Condamnation de Jésus, le Baiser de Judas,* etc.

De grands souvenirs se rattachent à la Basse-Œuvre; nous avons parlé plus haut du concile qui s'y tint en 845; un autre s'y réunit en 1120, et l'on y procéda à la canonisation de saint Arnould, évêque de Soissons; des papes, des saints, des cardinaux, le célèbre abbé Suger, vinrent prier dans ce sanctuaire. Désaffectée lors de la Révolution, Notre-Dame devint et resta longtemps un chantier de bois. Rendue au culte en 1866, elle sert de salle de catéchismes et diverses cérémonies pieuses s'y tiennent périodiquement.

Nous faisons quelques pas et nous nous trouvons de nouveau devant la cathédrale Saint-Pierre, un des chefs-d'œuvre de l'art chrétien, chef-d'œuvre incomplet, hélas, car le chœur, les transepts et une amorce de la nef sont seuls construits, les fondations du reste de l'édifice dorment sous le sol que nous foulons et sous les parterres du jardin du palais de ustice. Il faudrait dépenser 75 millions et démolir la Basse-Œuvre pour achever l'église Saint-Pierre; il est à présumer que ce gigantesque travail ne sera jamais entrepris.

Telle qu'elle est, la cathédrale nous surprend autant par sa prodigieuse hauteur que par la richesse inouïe de son ornementation. Si l'esprit est stupéfié par la hardiesse de l'œuvre, il ne tarde pas à être captivé par la multiplicité, la richesse, l'harmonie des détails. Dans la disposition générale aussi bien que dans les parties accessoires, on retrouve la même hauteur de pensée, le même enthousiasme, la même foi ardente. Cet édifice est un poème en pierre dont tous les vers sont magnifiques !

C'est devant le côté méridional que nous sommes en ce moment arrêté; le vaisseau se développe tout entier sous nos yeux, haut et majestueux, avec sa forêt d'arcs-boutants, ses contreforts énormes, ses pinacles dressant vers le ciel leurs aiguilles ciselées comme des bijoux, et son portail magnifique ouvrant sa baie ogivale sur un perron de quatorze marches, au-dessous d'une rose splendide dominée par un fronton dont les crochets sont des crosses et des coquillages. N'essayons pas de compter les niches richement décorées, les frises, les dentelles, les broderies, semées à profusion sur toute cette façade ; ne tentons pas de décrire l'élégance

PORTES SUD DE LA CATHÉDRALE DE BEAUVAIS.

DESSIN DE A. SIROUY.

des tourelles d'angles, enrichies, de la base au sommet, de
fines colonnes du plus pur, du plus délicat style gothique
fleuri, et terminées par une lanterne surmontée d'une couronne ; ne gravissons pas les deux cent quatre-vingt-sept
marches d'un des escaliers en spirale qui tournent dans
chacune de ces tourelles, mais jetons un coup d'œil sur les
vantaux de la porte ; ils nous sont connus déjà par le mou-
lage qu'en conserve, à Paris, le musée du Trocadéro ; mais
nous éprouvons un véritable plaisir à les voir dans leur beau
cadre de vieilles pierres. Leur auteur, Jean Le Pot, paraît
s'être inspiré d'un maître italien, et, au milieu des salaman-
dres qui indiquent bien la date de son œuvre et constatent
que les libéralités de François Ier ont largement contribué
à l'embellissement de l'édifice, il a représenté *Saint Pierre
guérissant un boiteux* et la *Conversion de saint Paul.*

Faisons maintenant le tour du monument et transpor-
tons-nous devant le portail septentrional ou portail Saint-
Paul. Il est moins riche que le portail méridional, il éblouit
moins l'œil, mais il s'en échappe, selon nous, une séduc-
tion intime et pénétrante ; il demeure souriant en sa gravité
voulue.

Rien de plus pur que le goût qui a présidé à sa décoration ; rien de plus original, de plus charmant que les fantaisies sculpturales qu'il offre aux regards ; guirlandes de
vigne, feuilles de chêne, têtes d'animaux, fleurs de lis, sa-
lamandres couronnées, dauphins, reines-marguerites, courent sur les murs et sur les piliers avec une grâce et une
légèreté merveilleuses. Dans le tympan s'épanouissent, ravissantes de délicatesse, les branches d'une sorte d'arbre
de Jessé, qui figurait la généalogie de la maison royale de
France.

Dus à Jean Le Pot encore, les vantaux des portes représentent ici, au milieu des mêmes attributs que nous avons

vus sur ceux du portail méridional, les quatre évangélistes
et les quatre docteurs de l'Église latine ; saint Grégoire,
ayant été pape, est placé sur un piédestal plus élevé que
saint Augustin, saint Thomas et saint Jérôme.

Avant de pénétrer dans l'église, nous allons, en peu de
mots, résumer son histoire.

C'est en 991 que le quarantième évêque de Beauvais,
nommé Hervé, posa les fondements d'une cathédrale dédiée
à saint Pierre. Roger de Champagne, qui lui succéda et fut
le premier évêque qui porta le titre de comte de Beauvais,
continua l'œuvre entreprise ; mais ce premier édifice n'eut
qu'une existence courte et tourmentée ; il subit deux incen-
dies, l'un en 1180, l'autre en 1225. Il est donc probable
qu'il restait fort peu de chose de l'église quand, en 1247,
l'évêque Milon de Nanteuil fit commencer une construction
nouvelle, et, pour subvenir en partie aux frais qu'elle devait
entraîner, abandonna pour dix années le dixième des re-
venus de son diocèse. L'abside et le chœur proprement dit
étaient terminés en 1272 ; mais les architectes avaient mal
calculé les forces des piliers ; leur extraordinaire élévation
compromit la solidité de la grande voûte, et une partie de
celle-ci s'écroula le 29 novembre 1284. Pendant les qua-
rante années qui suivirent, les offices furent célébrés dans
l'église de la Basse-Œuvre.

Les travaux de reconstruction furent sérieusement repris
en 1337, Jean de Marigny étant évêque, et sur le plan gran-
diose d'Enguerrand le Riche. Les guerres intestines et l'oc-
cupation anglaise en interrompirent le cours pendant plus
d'un siècle, et c'est seulement le 21 mai de l'an 1500 que
Villiers de l'Isle-Adam posa la première pierre des transepts. La façade septentrionale fut alors édifiée, en partie
aux frais de François Ier, et sur les dessins de Martin Cambiche, architecte parisien ; en 1537, cette façade était ache-

vée. Parallèlement, Michel Lalye élevait le portail Saint-
Pierre ; cette partie ne fut terminée qu'en 1548. Une seule
travée de la nef était bâtie alors. Jean Vast, qui succéda à
Lalye, laissa les choses en l'état, et jaloux, dit-on, de la
gloire que Michel-Ange venait d'acquérir en construisant le
dôme de Saint-Pierre de Rome, voulant prouver que l'art
gothique pouvait produire des monuments susceptibles de
dépasser en hardiesse et en hauteur tous ceux qu'on connaissait alors, il ne s'occupa que de la construction de cette
flèche merveilleuse qui s'élevait dans le ciel à 153 mètres
du sol. Par malheur, là encore le poids et les résistances
avaient été mal calculés, et la flèche s'écroula, le 30 avril
1573, après seulement cinq années d'existence.

On remplaça la flèche par un petit clocher, qui fut dé-
moli lors de la Révolution. Quant à la nef, elle ne fut jamais
achevée. L'architecte, Martin Candelot, mort en 1606, avait
pourtant dessiné des plans, mais l'argent manquait et l'on
se borna à consolider la clôture qui ferme, à l'ouest, le
monument incomplet.

La porte s'est refermée sur nous, nous sommes dans l'intérieur de l'église, et notre esprit demeure un moment con-
fondu autant devant ses proportions grandioses que devant
l'audace de ceux qui l'ont construite. Achevé, l'édifice serait
certainement l'un des plus vastes de la chrétienté.

A sa longueur totale actuelle, qui est de 72^m,50, ajoutez,
par la pensée, une nef à cinq allées longue de 52 mètres,
et vous aurez une idée des proportions de l'édifice et des
perspectives féeriques qu'il eût offertes au regard.

Aux chiffres que nous avons donnés déjà, ne craignons pas
d'en ajouter quelques autres : la largeur totale du chœur,
y compris les bas côtés et les chapelles, est de 58^m,15 ; le
transept, large de 15^m,35, a 57^m,80 de longueur ; la hauteur,
sous clef de voûte, est de 48^m,18.

La grande nef, nous l'avons dit, n'est représentée que par une amorce ; le transept forme une nef transversale devant le chœur. Celui-ci est accosté de collatéraux et terminé par une abside heptagonale, autour de laquelle rayonnent sept chapelles, absolument semblables, éclairées chacune par huit fenêtres ogivales, surmontées d'une rosace à huit lobes.

Le chœur était primitivement bordé de chaque côté, jusqu'au sanctuaire, par trois larges arcades ogivales, que supportaient de massives colonnes flanquées de quatre fines colonnettes engagées. La chute des voûtes a obligé de modifier cette disposition et d'établir des piliers intermédiaires, ce qui a doublé le nombre des arcades. Chaque colonne est couronnée par un joli chapiteau, qui supporte à la fois la retombée des voûtes des bas côtés et celle des impostes des arcades du chœur ; de ce point s'élance un fût de colonne engagée, qui va recevoir les nervures des voûtes. A près de 23 mètres du sol règne un triforium à jour, haut de 6 mètres, qui fait le tour du chœur. Au-dessus, sont les dix-neuf fenêtres de la claire-voie, divisées par des meneaux et ornées, jusqu'au tiers de leur hauteur, de vieux vitraux représentant les douze apôtres, des saints et des guerriers.

Une grille, tellement simple que M. Desjardins, dans son histoire de la cathédrale, la qualifie de « grille de parc », entoure le chœur. Une Vierge en plâtre, sculptée par Adam, sous Louis XV, domine l'autel. Deux tapisseries de Beauvais sont suspendues aux piliers ; elles représentent saint Pierre et saint Paul. Au milieu de l'entrée du sanctuaire, un caveau renferme les restes de trois évêques de Beauvais, morts en ce siècle.

Il nous reste à visiter les chapelles. Dans celle des fonts baptismaux, placée sous le grand orgue, nous remarquerons un *Baptême de Clovis*, tableau ancien habilement restauré,

INTÉRIEUR DE LA CATHÉDRALE DE BEAUVAIS.

DESSIN DE RAMÉE.

en 1845, par Amédée Dupuis. Dans la chapelle Sainte-Angadresme, une toile de M. Grellet, artiste dont nous avons eu l'occasion de parler déjà, représente la sainte priant pour le salut de Beauvais, pendant le siège de 1472. La chapelle Saint-Vincent de Paul se recommande par un vitrail de Levêque, représentant quatre épisodes de la vie du saint, entre autres l'*Institution des confréries de charité* à Beauvais, en 1629, œuvre pour laquelle Augustin Potier, alors évêque, s'associa à Vincent de Paul.

Vient ensuite la chapelle de Saint-Denis, que décore une composition de Jouvenet, d'un très profond sentiment religieux : *la Communion donnée à saint Denis par Jésus*, et où l'on voit aussi une *Mater dolorosa*, panneau peint, au seizième siècle, par Quentin Warin, artiste beauvaisien, qui fut l'ami et aussi, assure-t-on, l'un des maîtres de Nicolas Poussin.

Des vitraux du treizième siècle, donnés par Raoul de Senlis, chanoine de Beauvais, ornent la chapelle Saint-Vincent ; ces vitraux, restaurés en 1860 par Oudinot, représentent plusieurs scènes de la vie du patron de la chapelle et d'autres empruntées à celles de Jésus et de la Vierge ; dans l'un des tableaux on voit le portrait du donateur.

M. Claudius Lavergne a peint, en 1868, les verrières qui décorent la chapelle Saint-Joseph ; l'artiste s'est visiblement inspiré des œuvres du moyen âge, mais son dessin, fort correct, n'a pas la naïveté des maîtres du vieux temps, et l'ensemble n'arrive pas à la puissance d'effet décoratif qu'ils savaient si bien atteindre.

Du même artiste nous pouvons admirer, sans restriction et sans réserve cette fois, trois petits médaillons peints à la cire qui décorent l'autel de la chapelle de la Vierge. Les fenêtres de cette chapelle sont ornées de verrières données à l'église, au temps de saint Louis, par les corporations des pelletiers et des fabricants d'arcs, et représentant la curieuse légende du prêtre Théophile, fervent chrétien d'abord, apostat ensuite, repentant en dernier lieu, et dont l'âme, réconciliée, se réfugie dans le sein d'Abraham. M. Didron a restauré, en 1858, ce précieux spécimen d'un art disparu.

Nous retrouvons des vitraux de M. Claudius Lavergne dans la chapelle Sainte-Anne et, dans celle de Saint-Lucien, un curieux fragment d'une verrière du quinzième siècle. Dans la chapelle Sainte-Madeleine, nous voyons une tapisserie donnée à Guillaume de Hollande, évêque de Beauvais, vers le milieu du quinzième siècle; elle représente la *Décapitation de saint Paul.* D'autres, rappelant les origines fabuleuses de la France, ont été placées dans l'église, vers 1530, par le chanoine Nicolas d'Argillières, dont elles portent les armes.

Peu d'églises sont aussi riches en tapisseries que la cathédrale de Beauvais. Si nous pénétrons dans le vestiaire des chantres, nous retrouverons, en ce genre, de belles œuvres encore : *Hercule de Libye, dixième roi des Gaules,* des scènes de la *Vie de saint Pierre,* etc.; puis, dans l'église même, sur le mur servant de clôture à la nef, de curieuses pièces des quinzième et dix-septième siècles, sujets religieux ou empruntés aux légendes que nous avons rappelées précédemment. Parmi les travaux de ce genre, et dans l'impossibilité de les analyser tous, nous citerons une série de huit tapisseries de basse lisse, exécutées à Beauvais alors que Béhacle était le second directeur de la manufacture.

Ces tapisseries, une seule exceptée (*Saint Paul sur le chemin de Damas*), ont été faites d'après des cartons commandés à Raphaël par Léon X; les costumes y sont grecs et romains, mais drapés avec art; les attitudes sont variées à l'infini, les physionomies expressives; les scènes, toutes empruntées aux saintes Écritures, s'agencent admirablement, et les foules groupées sont toujours dominées par quelque figure inspirée et resplendissante de foi.

Tour à tour, dans cette belle série, vous pourrez admirer la *Pêche miraculeuse*, la *Mort d'Ananie, Jésus instituant saint Pierre chef de l'Église*, la *Conversion de Sergius*, etc.

Parmi les tableaux, nous signalerons encore une *Descente de croix*, de Ch. de Lafosse, un *Christ mort*, de Lejeune, d'après Philippe de Champaigne ; parmi les œuvres sculpturales, le mausolée du cardinal de Janson-Forbin, mort évêque de Beauvais en 1713, œuvre magistrale de Nicolas Coustou ; auprès d'elle, un *Christ descendu de la croix*, sculpture en bois du seizième siècle, abritée sous un riche dais de la même époque.

Près de là est une horloge du quatorzième siècle, curieuse pièce qui carillonnait jadis des hymnes, et un noël.

Il est midi moins quelques minutes ; le gardien de la cathédrale, suivi de quelques personnes, se dirige vers une petite porte pratiquée dans la boiserie qui entoure l'ancienne chapelle du Saint-Sacrement. C'est là que, la petite porte franchie, on voit la monumentale horloge astronomique, conception discutable au point de vue de l'art, mais admirable si l'on ne veut considérer que l'ingéniosité du mécanisme et la précision des résultats obtenus.

C'est à l'ingénieur Vérité qu'est due la construction de cette horloge ; elle est enfermée dans un meuble exécuté sur les plans du père Piérard et qui ne mesure pas moins de 12 mètres de hauteur sur 5m,12 de largeur et 2m,82 de profondeur. Dans ces proportions, si les lignes étaient simples et sévères, si la décoration était sobre, l'ensemble serait certainement imposant. Par malheur, on a voulu faire trop riche, on en a surchargé la façade d'une ornementation byzantine lourde en ses lignes et criarde à l'œil. Faites le tour du meuble et vous serez surpris de trouver, plus belles

en leur simplicité, les faces latérales et la face postérieure
que ne vous le paraît le côté devant lequel le cicerone vous
a conduit.

Revenu devant cette façade, attendant que l'heure sonne,
car une surprise vous est annoncée pour le coup de midi,
vous chercherez certainement à détacher vos yeux de ce
fouillis d'ors, de roses, de pointes de diamants, de dents
de scie et de damiers ; vous renoncerez à vous demander
ce que font à toutes ces petites fenêtres (il y en bien une
cinquantaine) les mesquins personnages, diversement cos-
tumés, qui en encombrent les baies ; vos yeux se porteront
plus haut et, au sommet du meuble, vous apercevrez un
coq, des anges, des statues d'Adam, de Noé, d'Abraham, de
Moïse, des prophètes, des quatre animaux symbolisant les
évangélistes, et enfin, tout en haut, Dieu, Jésus-Christ, la
Vierge, saint Michel, etc. C'est ce qu'on appelle la partie
symbolique de l'œuvre.

Mais le gardien a pris la parole ; il vous explique que
l'horloge renferme quatre-vingt-dix mille pièces, qu'on y
compte cinquante-deux cadrans, un moteur principal ou
régulateur général, avec son échappement au centre d'un
pendule qui pèse 45 kilogrammes, et seize moteurs secon-
daires obéissant à celui-ci.

Nous ne saurions transcrire ici l'interminable leçon apprise qu'il nous faut écouter ; nous ne prenons pas non
plus l'engagement de ne rien omettre en vous signalant les
indications multiples que fournit l'horloge.

Un cadran principal, superbe plaque émaillée représentant la tête du Christ entourée de celles des douze apôtres,
indique les heures et les minutes du temps moyen. Les
autres sont distribués par groupes ; l'un de ces groupes,
composé de douze cadrans, donne toutes les indications du
comput ecclésiastique, l'heure du jour sidéral, l'équation

solaire, la déclinaison du soleil ou sa distance de l'équateur
céleste, la longueur des jours et celle des nuits, les saisons,
les signes du zodiaque, l'heure et la minute du lever et du
coucher du soleil, le jour de la semaine, et enfin la planète
qui donne à ce jour son nom. Dans d'autres groupes, vous
verrez l'heure du méridien de Paris ou celle de Rome, et
l'heure qu'il est en même temps dans dix-huit villes situées
neuf à l'est, neuf à l'ouest de notre capitale. Les mois, les
jours, les saints qu'on fête, la marche des constellations,
tout cela et bien d'autres choses encore, les éclipses et
l'heure des marées, par exemple, sont exactement indiqués
par ce merveilleux mécanisme.

Mais soudain un bruit aigu retentit; le coq, qui forme en
quelque sorte l'avant-garde de la partie symbolique, chante
et bat des ailes ou plutôt fait entendre un bruit de plaques
de fer-blanc qui s'entrechoquent. Midi sonne, le Christ,
assis dans sa gloire, fait un signe aux anges qui l'entourent, et la trompette de ceux-ci pousse un maigre son pour
annoncer au monde que l'heure du jugement dernier est
arrivée.

Alors les innombrables figures qui garnissent les fenêtres
et sont censées représenter tous les peuples du monde dis-
paraissent pour faire place à des morceaux de zinc peints
en rouge, qu'on est invité à prendre pour les flammes d'un
embrasement général. Puis le jugement a lieu; la vertu
monte au ciel accompagnée par un ange, le vice fuit en
enfer poussé par le trident d'un noir petit démon.

La représentation a duré quatre minutes; elle est terminée, tous les personnages reprennent leur place primitive.
Cela recommencera demain à la même heure.

On nous pardonnera d'avoir parlé assez légèrement de
cette conception enfantine, mais elle n'ajoute rien à l'in-
contestable mérite de l'horloge; son mécanisme lui-même

n'est pas nouveau, et cette sorte de mystère joué par des

Maison canoniale.

automates nous paraît aussi déplacée aujourd'hui dans une

cathédrale, que le serait sur la scène du Théâtre-Français
une des pièces que jouaient jadis les confrères de la Pas-
sion à Saint-Maur.

En sortant de la cathédrale, nous passerons par la rue
de l'Abbé-Gellée, et nous verrons au numéro 14, dans l'angle
de la cour, le superbe escalier d'une maison canoniale; les
portes d'entrée sont surmontées d'écussons aux armes de
France et du chapitre de Beauvais (1). Faisons quelques pas
encore, nous arriverons au nouvel évêché.

La première pierre de ce palais épiscopal a été posée le
19 mars 1874 par Mgr Gignoux, alors évêque. La construction a été conduite par M. E. Vaudremer, qui, sur la façade,
a fort harmonieusement mélangé la pierre et la brique et a
su couronner l'édifice d'une de ces toitures à pentes rapides qui donnent si grand air aux constructions du dix-
septième siècle.

On remarque à l'intérieur un bel escalier en pierre bordé
d'une rampe en fer forgé; sur le palier, une collection
d'orfèvrerie religieuse créée en 1840 par Mgr Cottret; dans
la salle à manger, une suite de portraits des évêques de
Beauvais. Parmi les pièces d'ameublement, on peut signaler des fauteuils et des canapés sortis en 1823 de la manufacture; les sujets sont empruntés aux fables de La Fontaine et ont été exécutés d'après Oudry.

La rue de l'Évêché nous conduit au boulevard de la Justice; si nous le traversons, nous entrerons dans le faubourg
Saint-Quentin, au bout duquel l'hôtel de la préfecture est
installé dans les restes d'une abbaye fondée en 1069 par
l'évêque Guy, et dont saint Yves fut abbé. Les bâtiments

(1) Le chapitre de Beauvais porte : *de gueules à la croix d'or
cantonnée de même* avec la devise : *Crux Christi, Claves Petri*
(la Croix du Christ et les Clefs de Pierre).

claustraux, rebâtis de 1682 à 1731, existent encore, et l'hôtel est entouré de beaux jardins que le Thérain arrose.

Au retour, nous passerons devant le grand séminaire. Ce bel édifice, construit en 1845 sur les plans de M. Weil, est composé d'un corps de logis principal avec deux ailes en retour d'équerre. A l'entrée de la chapelle, on remarque les statues en marbre blanc des quatre évangélistes, sculptées par Blassel, d'Amiens, et, dans un salon, on conserve un tableau de Pérignon, *la Communion de Montaigne*, que l'artiste, surpris par la mort en 1879, n'a pu achever; on le regrette, car l'œuvre est d'un beau sentiment.

Près du grand séminaire sont la maison d'arrêt et l'école normale d'institutrices; la première a été bâtie en 1837, la seconde en 1884.

A quelques pas de là, nous nous trouvons en haut de la rue Saint-Martin, et devant une belle esplanade qui rejoint le boulevard du Jeu-de-Paume s'ouvre la porte de l'Hôtel-Dieu.

Cet hôpital, dont la fondation remonte au douzième siècle, a été reconstruit en 1832 par Laudon, alors architecte du département; il est desservi par les sœurs de la Charité de Nevers et occupe l'emplacement d'une église qui fut dédiée à saint Laurent. On voit dans la chapelle, outre un grand Christ janséniste, une croix du seizième siècle assez curieuse; elle est à jour, équarrie sur les côtés, et ses quatre branches sont garnies de médaillons en forme de trèfle renfermant les animaux symboliques.

La ville possède en outre un hospice placé sous la même administration que l'Hôtel-Dieu; il contient quatre cents lits et sa fondation, qui remonte à l'an 1629, est due à l'évêque Augustin Potier. L'établissement a deux chapelles; celle des hommes est décorée d'un beau retable et de verrière.

peintes par M. Roussel dans un ton très doux; celle des femmes est beaucoup plus modeste.

Il nous reste à signaler le collège communal et le couvent du Sacré-Cœur. Le collège fut fondé, au seizième siècle, par Nicolas Pastour, chanoine de Beauvais, et Racine y fit ses premières études. Il occupa d'abord, et jusqu'à la Révolution, des bâtiments que le nouvel évêché a remplacés; en 1813, il s'installa où nous le voyons, rue des Jacobins, dans un ancien couvent d'ursulines; l'abbé Guénard le dirigea jusqu'en 1827. Il est maintenant placé sous la conduite de professeurs laïques.

Le couvent du Sacré-Cœur existe rue Jeanne-Hachette depuis le 27 novembre 1815. Sur son emplacement s'élevait, avant la Révolution, cette église des Jacobins où le drapeau de Jeanne Hachette fut conservé pendant trois cent dix-huit années. Sa chapelle actuelle a été bâtie, en 1855, sur les plans de Mme Delvaux, l'une des religieuses. De belles dimensions et très charmante en sa simplicité voulue, elle affecte la forme d'une croix latine et est conçue dans le style du douzième siècle.

Les faubourgs.

Une suite de canaux, de boulevards bordés d'arbres et de faubourgs forment une ceinture à la ville. Nous avons visité le faubourg Saint-Jacques, celui qui l'avoisine à l'ouest est le faubourg Saint-Jean; il est bordé par les boulevards de Paris et Saint-Jean, traversé par la voie ferrée et les coulées du Thérain et de l'Avelon; les rivières passent sous des ponts écrasés par des bâtisses et battent de leurs eaux les palettes ou les aubes de quelques roues de moulin; à gauche, la masse de la cathédrale domine de sa hauteur imposante une rangée d'habitations modernes, castels, chalets, maisons de plaisance, toutes constructions d'aspect bourgeois et gai, mais qui, groupées au pied de la vieille église ont un faux air de pygmées s'abritant à l'ombre d'un colosse.

Plus loin, vers la rue Saint-Jean, surgissent les bâtiments rectangulaires et les hautes cheminées d'une grande usine; on perçoit le battement régulier des pistons, le grondement des volants, les coups de sifflet de la vapeur; on sent passer dans l'air le souffle puissant d'une multitude active penchée sur un labeur, et le présent, un instant oublié, nous réapparaît avec toute l'intensité de son ardeur productive. Enfin, devant nous se présente un pont suivi d'un passage à niveau traversant la voie ferrée; au delà, c'est le chemin de grande communication qui conduit à Auneuil en passant par ce joli village de Goincourt dont les Beauvaisiens ont fait un but de promenades dominicales.

En remontant vers le nord, on rencontre les casernes Saint-Jean, puis le faubourg Saint-Louis, traversé de cours d'eau et dominé par la haute cheminée d'une usine à gaz; au-dessus vient le faubourg de Saint-Quentin où se trouvent l'hôtel de la préfecture, l'école normale d'institutrices et le grand séminaire; tout à fait au nord on rencontre d'abord le faubourg de Calais où sont les prisons, ensuite le faubourg d'Amiens, celui-ci est occupé au centre par la place du Franc-Marché, entourés de larges rues, dont l'une, la rue de Calais, conduit au cimetière. Ce faubourg, bordé du côté de la ville par le boulevard de l'Assaut et la belle promenade connue sous le nom d'esplanade de l'Hôtel-Dieu s'étend au nord-est et descend jusqu'à la porte de Clermont; ici nous rencontrons vers la ville les beaux espaces réservés aux jeux de paume et de tamis et vers la campagne, le faubourg Saint-André où l'on voit la porte de

Bresle. C'est un arc de triomphe en pierre de taille sans aucun ornement; il a été érigé en mémoire d'une visite que a duchesse d'Angoulême fit à Beauvais, le 27 avril 1825. Le faubourg Saint-Jean, nous l'avons fait observer, est le chemin qui mène à Goincourt. Le faubourg Saint-André est celui qui conduit à Marissel, commune d'un millier d'âmes, dont nul touriste ne manque de visiter la curieuse église.

Le dernier faubourg est celui de la Gare, égayé par un square verdoyant et traversé par la belle avenue de la République. C'est par là que nous sommes entré dans la ville, c'est par là que nous la quittons, non sans en emporter un impérissable souvenir.

HOMMES CÉLÈBRES DU BEAUVAISIS

HOMMES CÉLÈBRES DU BEAUVAISIS

Outre le Bellovaque Corréus, que Beauvais peut revendiquer pour un de ses enfants, la ville et ses environs ont vu naître un grand nombre de personnages qui se sont illustrés dans les carrières les plus diverses. Rappeler les noms de ces hommes, dire le rôle qu'ils ont rempli, signaler les œuvres qu'ils nous ont léguées, c'est, nous le croyons, rendre un hommage bien mérité à la cité que nous venons de parcourir, mais encore au petit pays dont elle fut la capitale. C'est, en quittant cette ville curieuse et accueillante, adresser un salut à ceux qui, nés dans ses murs ou près d'elle, ont augmenté de quelques pages précieuses le Livre d'or des Français illustres.

Odon de Beauvais est le plus ancien parmi les personnages dont le nom est demeuré cher aux Beauvaisiens. Enfant de la ville, il y conquit probablement tous ses grades; il y exerça le sacerdoce et en devint le trente-troisième évêque. Doué d'une haute intelligence, il avait acquis une instruction bien supérieure à celle des plus grands personnages de son temps. S'il fut un prélat justement vénéré, il fut aussi un homme aimé pour ses qualités personnelles et sa bienfaisance. Il mourut en 881, après avoir occupé le siège épiscopal pendant vingt années, et laissa à l'Église une grande partie de ses biens.

Yves (Saint). Ce prélat fut un des plus célèbres évêques de Chartres. Il était né à Beauvais ou dans les environs,

vers l'an 1040. Les origines, on le voit, sont assez impar-
faitement connues; mais quelques détails assez intéressants ont été recueillis sur sa vie. Jeune homme, il étudia
sous Lanfranc à l'abbaye du Bec, et quand il eut reçu les
ordres, il fut nommé chanoine de Nesles, en Picardie. Plus
tard, en 1078, il prit la direction de l'abbaye de Saint-
Quentin, qui venait d'être fondée à Beauvais. Il y établit,
en même temps qu'une discipline sévère, une école où il
enseigna les sciences humaines et sacrées. En 1091, l'évêque
de Chartres ayant été déposé, le clergé et les fidèles l'appelèrent à sa succession. Au lieu de se faire sacrer par
son métropolitain l'archevêque de Sens, il se fit sacrer par
le pape Urbain II. On l'accusa d'avoir, en agissant ainsi,
insulté le roi de France et violé les libertés gallicanes.
Quelques troubles éclatèrent à cette occasion. Un concile,
assemblé à Étampes, déposa le nouveau prélat; mais le
saint pontife lui fit presque aussitôt rendre son siège.
L'année suivante, ayant hautement désapprouvé la répu-
diation de la reine Berthe et le mariage de Philippe Ier avec
Bertrade, le roi fit piller les terres de l'évêque, et celui-ci
dut subir un emprisonnement qui dura deux ans.

Après la mort de Philippe, Yves remplit un rôle prépon-
dérant dans l'Église de France; il se montra très attaché au
roi Louis VI, et pressa ce prince de se faire sacrer à Orléans
aussitôt après la mort de son père, afin de déjouer les projets que nourrissaient les fils de Bertrade. Le roi, en cette
circonstance et en bien d'autres encore, écouta les conseils
du prélat et n'eut qu'à se féliciter de les avoir suivis. Savant, Yves appela auprès de lui d'habiles professeurs dont
l'enseignement augmenta la célébrité des écoles char-
traines; ami des arts, il fit exécuter de grands travaux
d'embellissement à la cathédrale. Pendant les dernières
années de sa vie, il contribua à la fondation du monastère
de Tiron. Il est mort en 1116, et a laissé bon nombre
d'écrits théologiques, de sermons, de lettres, toutes choses
intéressantes pour l'histoire religieuse et politique du
temps.

C'est encore l'Église qui, dans le même siècle, nous fournit une célébrité nouvelle : **Albéric**, religieux de l'ordre de Saint-Benoît, abbé de Vézelay, cardinal, légat, évêque d'Ostie. Albéric, né en 1080, d'abord sous-prieur au monastère de Cluny, remplit les mêmes fonctions à Saint-Martin des Champs. Dans la lutte que Ponce, abbé de Cluny, engagea avec le Saint-Siège, il prit ardemment parti pour le maintien des prérogatives pontificales ; il fut alors envoyé à l'abbaye de Vézelay dont les religieux voulaient secouer le joug de Cluny. Bien que soutenu par le pape Innocent II, ce fut *manu militari* qu'il dut prendre possession de son poste. On était alors en 1130 ; quatre ans plus tard, Albéric assistait au concile de Pise, puis, en 1138, nommé cardinal d'Ostie et légat, il travaillait au rétablissement de la paix entre Étienne Ier, de Blois, roi d'Angleterre, et David Ier, roi d'Écosse ; il réussit à leur faire signer un traité, au mois de janvier 1139. C'est pendant le séjour qu'il fit alors en Angleterre, au mois de décembre 1138, qu'il réunit un concile chargé de régler les affaires ecclésiastiques de la Grande-Bretagne.

Le pape lui confia d'autres missions encore, notamment celle d'amener Rodolphe, patriarche d'Antioche, à reconnaître la suprématie de l'Église romaine. Albéric réussit dans son entreprise et profita de son séjour en Orient pour visiter Jérusalem ; il s'y trouvait aux fêtes de Pâques 1141. Un des successeurs d'Innocent II, Lucius II, pendant son court pontificat, le nomma légat en France ; à ce titre, en compagnie de saint Bernard et de Geoffroy, évêque de Chartres, il se rendit à Toulouse, en 1145, pour combattre les hérétiques. A ce titre encore et d'accord avec saint Bernard, il prêcha la deuxième croisade. En 1147, il accompagnait le pape Eugène III, venu en France, quand il fut surpris par la mort.

Vincent (dit Vincent de Beauvais) naquit vers 1190 et mourut vers 1254. Il avait revêtu la robe du dominicain et, par sa piété autant que par sa science, il sut mériter l'amitié

et la confiance du roi Louis IX. Ce monarque le chargea de
réunir et de grouper, en une sorte de répertoire, toutes
les connaissances de son temps. Ce recueil, œuvre de patience et d'érudition, imprimé pour la première fois à
Strasbourg en 1473, a pour titre : *Speculum majus;* il est
divisé en quatre parties principales : *le Miroir naturel, le
Miroir moral, le Miroir scientifique* et *le Miroir historique*. Le
premier livre est l'exposition des phénomènes de l'univers
et des merveilles de la nature; le deuxième est un traité
où la morale est divisée en quatre vertus ; le troisième et
le dernier sont des sortes d'encyclopédies des sciences et
de l'histoire. Bien que maintes fois dépassé depuis, ce travail demeure curieux pour son temps. L'auteur, qui était
un grand travailleur, a laissé encore divers autres ouvrages
théologiques qu'un éditeur de Bâle, Hammerbach, a publiés
en 1481. La Bibliothèque nationale possède aussi deux ou
trois manuscrits de Vincent.

Voici maintenant un laïque qui, pour la science et l'intérêt que son œuvre inspire, ne le cède en rien au Beauvaisien dont nous venons de parler. Celui-ci est Philippe
de Beaumanoir. Ce célèbre jurisconsulte, que Montesquieu
considérait comme une grande « lumière de son temps »,
appartenait, dit-on, à cette illustre famille bretonne dont
un membre devait, plus tard, s'immortaliser au combat
des Trente. Il n'était pas précisément Beauvaisien; mais
la majeure partie de sa vie s'étant passée à Clermont et
aux environs, la province a bien quelques droits de le
revendiquer.

Philippe de Remy, sire de Beaumanoir, naquit à Saint-
Remy, près de Compiègne, vers l'an 1247. Il passa sa jeunesse en Angleterre, y fut page, mais néanmoins il se livra
avec ardeur à l'étude, et en 1279, quand il entra au service
du comte Robert de Clermont, fils de saint Louis, il avait
déjà acquis une grande partie des connaissances grâce auxquelles il devait s'illustrer. Pendant trois années, il exerça
la charge de bailli de Clermont et, ayant quelques loisirs

sans doute, il commença son grand ouvrage : *les Coutumes du Beauvaisis*. Ce travail, d'une méthode, d'une clarté, d'une précision étonnantes pour le temps, fut achevé en 1283. Beaumanoir fut successivement, ensuite, bailli de Vermandois, de Touraine, de Senlis, et mourut à l'abbaye du Moncel, près Pont-Sainte-Maxence, le 7 janvier 1296.

Il a laissé plusieurs romans en vers, œuvres de sa jeunesse ; mais son véritable titre de gloire, c'est le beau livre dont nous parlons plus haut. Mine inépuisable pour les historiens, *les Coutumes* résument non seulement toutes les lois qui régissaient hommes et choses au treizième siècle, mais encore il les commente, les explique, les critique et, au besoin, les réforme à l'aide du droit romain.

Les Coutumes du Beauvaisis ont été publiées à Bourges, en 1690, par Thomas de la Thaumassière.

Une rue de Beauvais porte le nom de Philippe de Beaumanoir.

Charles IV (dit le Bel), troisième fils de Philippe le Bel, roi de France, est né à Clermont en 1294. Il fut d'abord comte de la Marche et succéda à son frère, Philippe V, à l'âge de vingt-huit ans. Il rendit diverses ordonnances favorables aux lépreux et aux juifs, et, en 1324, enleva l'Agénois à l'Angleterre ; trois ans après, il signa la paix avec cette puissance. Il mourut le 31 janvier 1328, laissant, bien qu'ayant régné sans grand éclat, le souvenir d'un bon prince, car il fut juste et se montra toujours respectueux du droit de chacun.

Villiers de l'Isle-Adam (Jean de) naquit en 1384 ; il fut un des membres les plus actifs de la faction de Bourgogne, un des compagnons les plus dévoués du duc Jean sans Peur. Ayant réussi à surprendre Paris, en 1418, il y exerça une domination sanglante ; en récompense, il reçut du duc le bâton de maréchal. Quand Jean sans Peur s'allia aux Anglais, il suivit sa fortune ; mais, après l'assassinat du prince, il eut quelques démêlés avec le roi Henri V, qui le fit enfermer à la Bastille. Les portes de sa prison ne s'ou-

vrirent qu'après la mort du roi d'Angleterre, en 1422.
Villiers continua de jouer un grand rôle dans la guerre
civile, et demeura l'allié des Bourguignons et des Anglais.
Néanmoins quand, en 1435, la paix d'Arras fut conclue, il
entra au service de Charles VII, qui lui conserva son grade
de maréchal. Il reprit alors Pontoise aux Anglais, et prit
une grande part à la réduction de Paris. Étant à Bruges,
au cours de l'année 1437, il fut tué pendant une émeute.

Lignières (Jean de). Une rue de Beauvais porte le nom de
ce citoyen, qui concourut puissamment à empêcher l'entrée
des Anglais dans la ville, lors de l'assaut du 7 juin 1433.

Guehengnies (Jacques de) était, au quinzième siècle, lieu-
tenant du commandement de Beauvais; il se distingua par
sa valeur aux côtés de Jean de Lignières et perdit la vie
pendant la journée du 7 juin 1433. Une rue de Beauvais a
reçu son nom.

Laisné (Jeanne, dite Jeanne Hachette). La biographie de
l'héroïne de Beauvais tient en quelques lignes ; à part son
concours à la délivrance de la cité, elle semble avoir pris
à tâche de ne point faire parler d'elle. Quelques biographes
assurent qu'elle était née le 14 novembre 1454; on sait,
par les lettres de Louis XI, qu'elle habitait Beauvais, qu'elle
était fille de Mathieu Laisné, et qu'en 1473, elle était pro-
mise à un homme de sa condition nommé Colin Pilon.
Sans doute, l'union projetée fut contractée en cette même
année où Louis XI fiançait en quelque sorte les jeunes
gens. Jeanne Laisné mourut, dit-on, en 1500.

Fernel (Jean-François). Au quinzième siècle, on voyait à
Clermont, à l'angle de la rue des Fontaines et de la rue
des Flageolets, une certaine auberge du *Chat*, tenue par
Laurent Fernel, qui était une des mieux achalandées de la
ville. C'est là que naquit, en 1497 disent les uns, en 1506
assurent les autres, un enfant qui devait devenir un des
grands médecins de son temps.

Après avoir commencé ses études à Clermont, il les acheva à Paris et devint professeur de mathématiques au collège Sainte-Barbe. Il était marié alors, et sa jeune femme s'effraya des grandes dépenses causées par la confection d'une foule d'instruments qu'il inventait. Elle pleura ; elle fit intervenir l'aubergiste de Clermont, homme positif et qui connaissait la valeur des écus. On fit, dit un biographe « entendre raison au jeune savant, et il renvoya ses faiseurs d'instruments ». Il se livra alors tout entier à l'étude de la médecine et fut reçu docteur en 1530. Il s'attira les bonnes grâces du dauphin, depuis Henri II, d'abord en guérissant Diane de Poitiers d'une grave maladie, ensuite en donnant ses soins à Catherine de Médicis. Il fit une assez grosse fortune, et sa réputation de praticien habile se répandit dans toute l'Europe. Il avait pour coutume de saigner fort peu, et ceci est assez remarquable pour le temps, il considérait l'observation chimique comme la base de l'art de guérir.

Nommé premier médecin du roi lorsque Henri II monta sur le trône, il ne jouit que peu de temps des avantages de cette haute position et mourut le 26 avril 1558, emporté par le chagrin que la perte de sa femme lui avait causé. Il fut inhumé à Paris, dans l'église Saint-Jacques-la-Boucherie.

Fernel est célèbre encore pour avoir, le premier, mesuré un degré du méridien terrestre. Il obtint ce résultat par un procédé que son père, s'il vivait encore, ne dut pas trouver ruineux. Il alla de Paris à Amiens, villes qui sont à peu près placées sous le même méridien, en comptant exactement les tours de roues de sa voiture. S'avançant ainsi vers le nord jusqu'à ce que la hauteur solsticiale fût d'un degré moindre qu'à Paris, il trouva que le degré terrestre avait une longueur de 57070 toises. Vérifiée plus tard par des moyens moins primitifs, cette longueur se trouva exacte, à 10 toises près.

Les principaux ouvrages de Fernel sont : *Physiologie, Medicina universa, Guérison des fièvres*, publiées en 1542, 1554, et 1557, etc.

Après un médecin, voici un légiste : **Loisel** (Antoine) est né à Beauvais le 16 février 1536. A treize ans, au collège de Presle, il suivit les cours de Ramus dont il resta l'ami et fut le légataire universel ; puis, ses humanités terminées, il se rendit à Toulouse où, captivé par la science et l'éloquence de Cujas, il s'attacha à ce maître et l'accompagna à Cahors, à Bourges, à Valence et enfin à Paris, où il fut reçu avocat au Parlement. Ses débuts furent si brillants, qu'après sa troisième plaidoirie, l'avocat général Dumesnil lui offrit la main de sa nièce et le fit nommer substitut du procureur général. Les positions en vue convenaient peu à cet homme d'étude et de travail paisible, qui se plaisait aux occupations demandant le calme. Il devint le conseil de plusieurs grands personnages, notamment de la reine Catherine de Médicis et des ducs d'Alençon et d'Anjou ; quand il fut question pour ce dernier d'un mariage avec la reine Élisabeth d'Angleterre, il publia un remarquable mémoire pour prouver qu'un prince français ne pouvait accepter le rôle secondaire qu'une telle alliance lui aurait imposé. En 1581, son vieil ami Pierre Pithou, son condisciple au cours de Cujas, étant procureur général en Guyenne, il y devint avocat général et fut vivement loué par Montaigne, alors maire de Bordeaux, à cause du discours qu'il prononça lors de l'ouverture de la session dans cette ville. Redevenu simple avocat, Loisel se chargea des affaires de l'ordre de Malte et de celles de la maison de Longueville ; enfin, par ordre de Henri IV et encore avec Pithou, il réorganisa le Parlement de Tours.

Loisel est mort à Paris le 28 avril 1617. Il a laissé de nombreux ouvrages, dont le plus intéressant a pour titre : *Mémoires des pays de Beauvais et Beauvaisis*, un volume paru l'année de sa mort. Son nom a été donné à un boulevard de Beauvais.

Grévin (Jacques), né à Clermont en 1538, fut médecin et poète ; il a dû sa vie et une certaine fortune à son premier état, mais il doit à ses écrits sa véritable réputation. Après avoir fait ses humanités sous la direction du savant Muret, il étudia la médecine, fut reçu docteur, obtint la protection de Marguerite de France, duchesse de Savoie, devint son médecin, l'accompagna à Turin et remplit auprès d'elle les fonctions de conseiller d'État. Ces charges et ces honneurs dont il jouit peu de temps, car il mourut le 5 novembre 1570, l'auraient peut-être détourné de la poésie qu'il avait cultivée dès sa jeunesse, car à partir du moment où il fut reçu docteur, on ne lui voit plus prendre la plume que pour écrire sur l'antimoine, les sorcelleries ou les venins.

Heureusement, son monument poétique était érigé et sa place conquise ; il était très estimé de ses contemporains, et Ronsard, qui prisait fort son « art et son sçavoir », le plaçait au-dessus de tous les poètes de son temps.

Il était encore sur les bancs du collège, quand il écrivit une tragédie intitulée *Jules César ;* peu d'années après et sur l'ordre de Henri II, il composa une autre pièce, la *Trésorière,* qui devait être jouée aux noces de Claude, fille du roi, duchesse de Lorraine, mais qui ne fut représentée qu'en 1559, au collège de Beauvais ; l'année suivante, on y joua aussi sa comédie des *Esbahis.*

Parmi les nombreuses œuvres poétiques qu'on lui doit, nous ne saurions omettre ici sa *Description du Beauvaisis,* pleine de vers charmants et de ravissantes peintures des villes, des bois, des eaux, enfin de toutes les beautés de son pays natal.

Villiers de l'Isle-Adam (Philippe de), petit-fils de Jean de Villiers, fut élu grand maître de l'ordre de Saint-Jean de Jérusalem en 1521, à l'âge de cinquante-sept ans, au moment même où Soliman attaquait l'île de Rhodes avec 200 000 hommes et 400 navires de guerre. Villiers n'avait avec lui que 600 chevaliers et 4 500 soldats ; il réussit pourtant à prolonger pendant toute une année sa résistance aux forces qui l'entouraient. Trahi par le chancelier d'Amaral, il dut se résoudre à capituler. Sans retraite assurée, il erra pendant huit ans alors avec ses chevaliers.

En 1530 enfin, il obtint de Charles-Quint la cession des îles de Malte et de Gozzo. C'est à partir de ce moment que l'ordre de Saint-Jean de Jérusalem prit le nom d'ordre de Malte. Les dissensions de la communauté étaient nombreuses alors. Villiers mourut, dit-on, du chagrin qu'elles lui causaient. Il avait soixante-dix ans.

Patin (Guy). Au commencement du dix-septième siècle, il y avait en Beauvaisis une famille estimée, composée de procureurs, de tabellions, de gens d'affaires. Un de ses membres était conseiller au présidial de Beauvais ; un autre habitait Hodenc-en-Bray, et passait pour un homme très versé dans les matières juridiques ; il était chargé des affaires de la plupart des nobles de la province. C'est dans sa maison que naquit, le 31 août 1602, Guy Patin, qui devait devenir l'un des plus célèbres médecins du temps.

Le jeune Guy, dont son père voulait faire un avocat, commença ses études au collège de Beauvais et se rendit à Paris pour les terminer. Il venait de terminer sa philosophie quand des clients de son père lui offrirent une situation qui assurait son avenir, à la condition qu'il embrasserait l'état ecclésiastique. Au grand désespoir de sa famille, et bien que menacé de perdre la pension qu'elle lui faisait, le jeune homme, qui n'avait aucune vocation pour le sacerdoce, refusa ces offres brillantes.

Obligé alors de travailler pour vivre, il se fit correcteur d'imprimerie, mais en même temps il se lia avec Gabriel Naudé et Riolan et commença ses études médicales; en 1624, il était reçu docteur et, l'année suivante, il contractait un mariage qui le mettait à l'abri du besoin.

A partir de ce moment, ses succès furent rapides et ininterrompus. Professeur de chirurgie à la Faculté de médecine en 1632, il remplaça, peu d'années après, Riolan au Collège royal. En 1642, il fut élu censeur à la Faculté et devint doyen huit ans plus tard. Dans ces fonctions, il se montra rigide observateur des statuts et défenseur vigilant des vieux privilèges.

Partisan des anciens, admirateur fervent d'Hippocrate et
de Galien, il était rebelle à toutes les initiatives et à tous
les progrès. Il se prononça hautement contre le quinquina
et l'antimoine, et, à ce propos, ses démélés avec Joseph
Duchesne sont restés aussi fameux que ses discussions —
provoquées par d'autres causes — avec Théophraste Re-
naudot.

Dans l'exercice de son art, contrairement à Fernel, il
avait pour coutume de pratiquer des saignées abondantes.
Comme professeur, il dut en partie ses succès à son éloquence et à son esprit. On allait à ses cours pour entendre
son beau latin et savourer ses bons mots.

A côté d'ouvrages de médecine peu consultés maintenant, Patin a laissé des *Lettres* qui sont un véritable monument littéraire et reflètent exactement l'esprit original de
leur auteur. Guy Patin est mort le 30 août 1672. Une rue
voisine de l'Hôtel-Dieu de Beauvais porte son nom.

Haüy (René-Just) est né à Saint-Just, dans la maison
d'un pauvre tisserand, le 28 février 1743. Protégé par les
religieux d'une abbaye voisine dont il avait gagné l'affec-
tion, il obtint une bourse au collège de Navarre, à Paris.
Lorsqu'il eut pris ses grades, il resta dans l'institution et
y remplit les fonctions de régent de quatrième. Quelques
années plus tard, et comme régent de seconde, il entra au
collège du cardinal Lemoine ; c'est là qu'il fit la connais-
sance de Lhomond, dont il devint l'intime ami.

C'est cette amitié qui détermina, en quelque sorte, la
vocation de Haüy. Lhomond aimait la botanique sans toutefois l'avoir apprise ; Haüy l'étudia pour être agréable à
son compagnon et l'aider dans ses herborisations ; puis,
séduit par la parole de Daubenton, il ne tarda pas à consacrer presque exclusivement son temps à l'étude de la
minéralogie.

Comme tous les chercheurs, il fut un peu aidé par le
hasard, beaucoup par un travail persistant, et créa la
science de la cristallographie. Admiré et aimé de tous

les savants du temps, Daubenton, Laplace, Fourcroy, Ber-
thollet, Lavoisier, etc., il vit les portes de l'Académie des
sciences s'ouvrir devant lui en 1783, et ceci bien qu'aucune
place ne fût vacante alors.

Au bout de vingt ans de service universitaire, il demanda
sa retraite et put se livrer tout entier à ses travaux. La
Révolution vint jeter le trouble dans sa tranquille existence; emprisonné après le 10 août, il dut son élargisse-
ment à l'un de ses élèves, Geoffroy Saint-Hilaire. La tour-
mente passa sans qu'il fût inquiété de nouveau.

En 1802, on créa pour lui une chaire de minéralogie à
la Faculté des sciences; il perdit cette situation sous
Louis XVIII et termina sa vie dans l'état précaire qu'il
avait connu dans sa jeunesse. Il mourut des suites d'une
chute, le 2 juin 1822, laissant pour tout héritage les collec-
tions qu'il avait formées; elles furent, après sa mort, ven-
dues à un Anglais, mais la France les a rachetées depuis
pour le Muséum.

On a de lui de nombreux travaux, presque tous consa-
crés à la cristallographie.

Haüy (Valentin), frère du précédent, naquit, comme lui,
à Saint-Just en 1745. Le nom qu'il s'est fait est un de ceux
qui ne se prononcent qu'avec respect. La gloire qu'il a
acquise est une de celle qui rayonne non seulement sur
une région, mais sur tout un pays. Le Beauvaisien Haüy
est Français, nul ne saurait l'oublier.

Après s'être livré à l'étude des langues vivantes, Haüy
obtint un emploi au ministère des affaires étrangères. Mais
bientôt il songea à faire pour les aveugles ce que l'abbé de
l'Épée avait fait pour les sourds-muets. Au moyen de notes
et de cartes en relief, on était parvenu déjà à donner à des
aveugles quelques notions de musique et de géographie.
Haüy reprit cette idée et la généralisa. Il fit imprimer des
livres en gros caractères, avec de très sensibles reliefs, et
donna, par ce moyen, à un jeune enfant frappé de cécité,
ce qu'on appelle aujourd'hui l'*instruction primaire*.

Quand son élève fut suffisamment instruit, il le présenta
à l'Académie des sciences, et, en 1784, il obtint du gouvernement une maison rue Notre-Dame-des-Victoires et les
fonds nécessaires pour y recevoir douze aveugles. Deux ans
plus tard, le nombre des pensionnaires fut porté à cent
vingt; Haüy reçut alors le titre d'interprète du roi et de
l'amirauté de France.

Un arrêté des Consuls, rendu en l'an IX, réunit l'institution à celle des Quinze-Vingts et, pour tout dédommage-
ment, son créateur obtint une pension de 2000 livres. Après
avoir tenté d'établir une nouvelle maison rue Sainte-Avoye,
Haüy quitta la France et, de 1806 à 1817, il créa des établissements d'aveugles à Berlin et à Saint-Pétersbourg. A
son retour, ruiné et infirme, il rejoignit son frère qui, on
l'a vu, n'était guère plus favorisé de la fortune. Comme
René, Valentin Haüy mourut en 1822.

Watrin (Pierre-Joseph). La carrière de Watrin fut courte,
mais nulle ne fut mieux remplie ; si la mort ne l'eût surpris à trente ans, il est certain qu'il aurait conquis une
belle place parmi les héros de l'épopée impériale.

Né à Beauvais, en 1772, il entra, à vingt ans, dans la légion
belge, qui devint plus tard le 17e régiment de chasseurs à
cheval. En moins d'un an, il conquit tous ses grades jusqu'à
celui de capitaine. Envoyé en 1794 à l'armée du Nord,
comme adjudant général, il fut peu de temps après nommé
général de brigade. Il passa de là à l'armée de Sambre-et-
Meuse, puis, en 1796, à la tête de 6 000 hommes, il rejoignit Hoche en Vendée et contribua puissamment à la paci-
fication du pays. Après avoir accompagné le général
Hédouville à Saint-Domingue, il revint en France en 1799 ;
envoyé à l'armée d'Italie avec le grade de chef de division,
il fit toute la campagne sous les ordres de Masséna, et, près
de Bonaparte, il se distingua à la bataille de Marengo.
L'année suivante, il partit une fois encore à Saint-Domingue, sous le commandement du général Leclerc. Une maladie subite l'emporta le 22 novembre 1803.

A côté de ces illustres personnages, il en est d'autres encore qui ont laissé des noms moins universellement connus, mais n'en ont pas moins été des hommes remarquables et utiles. Nous allons leur consacrer quelques lignes en suivant, comme nous l'avons fait jusqu'ici, l'ordre chronologique.

Guibert fut abbé de Sainte-Marie de Nogent-sous-Coucy, monastère situé dans le diocèse de Lens et appartenant à l'ordre de Saint-Benoît. Il était né à Clermont-en-Beauvaisis, en 1053; il est mort en 1124, laissant, entre autres ouvrages, sa *Vie écrite par lui-même* et une *Histoire des croisades*, qui, traduites en français, font partie de la *Collection de Mémoires* publiée par Guizot.

Cholet (Jean). On ignore la date de la naissance de ce personnage. Tout ce qu'on sait de lui, c'est qu'il était fils d'un certain Oudard, seigneur de Nointel-en-Beauvaisis (aujourd'hui commune de l'arrondissement de Pontoise) et qu'il fut créé cardinal et légat de France, en 1281, par le pape Martin IV. Immensément riche, il laissa de nombreux dons à sa mort, en 1291; l'un d'eux permit la création, à Paris, du collège dit des *Cholets*, qui recevait originairement seize écoliers des diocèses de Beauvais et d'Amiens, mais qui devint beaucoup plus important par la suite. En 1768, ce collège fut réuni à l'Université; ses bâtiments faisaient partie de ceux maintenant détruits du lycée Louis-le-Grand. Cholet mourut probablement en Beauvaisis, car il fut inhumé au milieu de l'église Saint-Lucien, près de Beauvais. Son tombeau, d'une grande magnificence, était décoré de son effigie en argent massif.

Arnould ou **Arnulphe**. Contemporain de saint Yves, comme lui né en 1040, lui survécut de longues années, car il mourut centenaire; il est l'auteur de divers écrits, parmi lesquels on remarque un livre intitulé *Textus Roffensis*, dont Warton a donné un extrait dans son *Anglia sacra*. Il fut évêque de Rochester.

Arnaud de Corbie. On ne saurait préciser la date de la naissance de cet homme, qui fut l'un des plus sages et des plus considérés de son temps. Seigneur de Lihus, chanoine de la cathédrale de Beauvais, conseiller clerc de la cour du Parlement et son premier président aux états de Compiègne, en 1382, il fut envoyé à Avignon, vers le pape, pour faire cesser quelques exactions qui se faisaient sur les bénéfices du royaume ; il est mort en 1413.

Crèvecœur (Philippe de). Né à Beauvais au commencement du quinzième siècle, Crèvecœur, seigneur des Guerdes, servit d'abord Charles le Téméraire, puis se dévoua au roi Louis XI, qui l'appréciait beaucoup et le fit gouverneur de l'Artois; il fut ensuite chargé de négocier le mariage du dauphin avec Marguerite de Flandre. Nommé maréchal en 1492, il signa la paix d'Étaples. Deux ans plus tard il mourut sans postérité. On lui attribue des paroles qui reflètent un véritable amour de la patrie : « Je consentirais, disait-il, à passer un ou deux ans en enfer, pourvu que je pusse chasser les Anglais de Calais. »

Pastour (Nicolas). Né à Beauvais, l'abbé Pastour fut docteur en théologie, chanoine de la cathédrale et — c'est là son titre à la reconnaissance de ses concitoyens — fondateur du collège de la ville. Il mourut à Beauvais en 1591, et lui laissa ses biens. Une rue de la ville a reçu son nom.

Binet (Claude). Né à Beauvais en 1510, Binet fut avocat au Parlement et cultiva les lettres. Ami et admirateur passionné de Ronsard, il fut chargé par ce poète de donner une édition complète de ses œuvres. Parmi ses productions personnelles, qui sont assez nombreuses, on peut citer : la *description du Beauvaisis*, en vers latins, et un poème intitulé *les Plaisirs de la vie champêtre*. Il fut l'éditeur du poète angoumois Jean de la Péruse.

Binet (Pierre) était frère du précédent et, comme lui, né à Beauvais où il mourut en 1584. C'était, dit un écrivain du temps, « un homme fort docte en grec, latin, français, et bien versé dans l'une et l'autre poésie ». On a de lui un recueil, imprimé en 1575, où l'on trouve un poème sur les truites du Thérain, des sonnets, des épithalames, etc.

Caron (Antoine). Peintre du seizième siècle, cet artiste avait décoré à Beauvais, sa ville natale, plusieurs monuments aujourd'hui disparus. Il mourut à soixante-dix-huit ans.

Mazille (Jean). Fils d'un perruquier de Beauvais, il naquit en 1502, fit de bonnes études, fut reçu docteur, réussit à se pousser en cour et devint médecin du cardinal de Chatillon, de Catherine de Médicis et des enfants de Henri II, après son compatriote Jean Fernel. Il se retira à Beauvais en 1578 et y mourut à l'âge de soixante-dix-huit ans. Une petite rue de Beauvais porte son nom.

Louvet (Pierre). Né près de Beauvais, en 1569, il fut avocat au Parlement de Paris et devint, en 1614, maître des requêtes de la reine Marguerite. Il a publié un certain nombre de travaux historiques, pour la plupart relatifs au Beauvaisis. Nous citerons : *Coutumes de divers bailliages observées en Beauvaisis* (Beauvais, 1615), *Nomenclatura et chronologia rerum ecclesiasticarum diocesis Belloracensis* (Beauvais, 1618), *Histoire des antiquités du pays de Beauvais* (Beauvais, 1631-1635, 2 vol.), *Anciennes Remarques sur la noblesse du Beauvaisis et de plusieurs familles de France* (Beauvais, 1631, 1640). Louvet est mort en 1646.

Boileau (Charles). Né à Beauvais et connu sous le nom d'abbé de Beaulieu, s'adonna de bonne heure à la prédication, réussit à plaire à Louis XIV et, en 1694, entra à l'Académie française. Au dire de Bourdaloue, l'abbé Boileau avait « deux fois trop d'esprit pour bien prêcher ». Il paraît certain qu'il manquait d'onction, mais il demeure avéré aussi qu'il était écouté avec un grand plaisir. Il a laissé : *Homélies et Sermons sur les évangiles du carême*, 2 vol.; *Panégyriques*, 1 vol.; *Pensées*, 1 vol. Il est mort en 1704.

Le Prince (Engrand). Natif de Beauvais et paraissant y

avoir passé sa vie entière, Le Prince fut le plus célèbre peintre verrier du seizième siècle. Ainsi que cela arrive souvent pour les artistes de ces temps, sa vie intime est peu connue ; ce que fut son œuvre, on en peut juger encore par ce magnifique *arbre de Jessé*, qu'on ne se lasse pas d'admirer à l'église Saint-Étienne de Beauvais. La ville de Beauvais a donné le nom de Le Prince a une de ses rues,

Vast (Jean). Architecte beauvaisien, Vast entreprit en 1500, de concert avec Martin Cambiche, la construction du transept de la cathédrale. Après la mort des deux architectes, les travaux furent continués par Jean Vast fils, aidé de François Maréchal.

Courroi (Eustache du) fut un musicien aimé de Charles IX, pour qui il a fait un grand nombre de menuets et de gavottes, dont les airs ont pendant longtemps accompagné les noëls qu'on chantait dans les provinces. Véritable artiste, il ne s'en tenait pas à ces productions légères, et une *Messe des trépassés* de sa composition a joui d'une grande célébrité. Il a laissé un *Essai sur la musique*. Du Courroi est mort en 1609 ; il était né à Beauvais.

Roberval (Gilles Personier). Roberval est le nom d'un petit village beauvaisien, situé à six kilomètres à l'est de Pont-Sainte-Maxence ; c'est là que naquit, en 1602, Gilles Personier. Il vint à Paris à l'âge de vingt-cinq ans et se lia avec des savants, parmi lesquels il tint bientôt une place distinguée. En 1631, il fut nommé professeur de philosophie au Collège royal et, bien que soumis à une réélection triennale et entouré de nombreux concurrents, il conserva sa chaire jusqu'à sa mort, en 1775. Il s'est fait une sorte de célébrité par ses discussions avec Descartes et Torricelli, discussions dans lesquelles, il faut le reconnaître, il ne sut pas toujours conserver le beau rôle. Il avait été nommé membre de l'Académie des sciences lors de sa création, en 1665.

Louvet (Pierre). Bien que portant les mêmes noms que

l'historien dont nous avons parlé ci-dessus, il n'appartient
pas à la même famille. Né à Beauvais en 1617, il abandonna
pour le professorat la médecine, qu'il avait d'abord exercée.
Il enseigna la rhétorique, la géographie et l'histoire à
Digne, à Montpellier et dans diverses autres villes. Nommé
historiographe de la principauté de Dombes, petit pays
bourguignon, il consacra ses loisirs à la composition de
quelques ouvrages relatifs à l'histoire du Languedoc, de
l'Aquitaine, de la Gascogne, de la Guyenne et de la Pro-
vence. Il mourut en 1680.

Pocquelin. On sait que la famille de notre grand co-
mique, J.-B. Pocquelin de Molière, était beauvaisienne et
que ses membres furent à peu près tous commerçants ou
marchands. En voici pourtant un qui paraît avoir suivi
une autre carrière : Robert Pocquelin, seigneur de Villiers-
Saint-Barthélemy, fut directeur de la Compagnie des Indes
orientales de France et mourut en 1683.

Baillet (Adrien). Né en 1649 à la Neuville-en-Hez, entra
de bonne heure dans les ordres et quitta une cure qu'il
avait obtenue pour se consacrer entièrement à l'étude.
Recommandé par Hermaud à M. de Lamoignon, ce dernier
le prit comme bibliothécaire. Il eut alors l'*aurea medio-
critas* tant rêvée des penseurs et put se livrer aux travaux
qu'il aimait. On a de lui plusieurs écrits dont les plus
connus sont : les *Vies des saints* (3 vol., 1701), *Jugement des
savants sur les principaux ouvrages des auteurs* (7 vol., 1722).
Baillet est mort chez M. de Lamoignon en 1706.

Langlet-Dufrénoy (Nicolas). Né à Beauvais en 1674, il fut
tout à la fois théologien, bibliographe, géographe, diplo-
mate et antiquaire. Il dut sa célébrité autant au grand
nombre d'ouvrages qu'il a publiés qu'aux bizarreries de
son caractère. Ses travaux, bien oubliés maintenant, révé-
laient, au dire d'un de ses biographes, « sinon de la profondeur, du moins de la facilité et du savoir ». Il mourut
à Paris en 1755.

Dubos (Jean-Baptiste). Fils d'un commerçant beauvaisien, Dubos vint à Paris achever ses études et entra dans les bureaux des affaires étrangères. M. de Torcy le chargea de missions auprès de plusieurs cours de l'Europe. Dubos s'en acquitta avec une réelle intelligence; récompensé de son zèle par divers bénéfices, il devint abbé de Notre-Dame de Ressons. Se consacrant alors aux travaux d'histoire, il publia successivement l'*Histoire des quatre Gordiens*, œuvre paradoxale, mais où il fit preuve d'un talent très souple et d'une grande érudition, *Histoire de la Ligue de Cambrai*, *Réflexions critiques sur la poésie et la peinture*, livre que Voltaire déclarait être « le plus utile qu'on n'ait jamais écrit sur ces matières ». Ces divers travaux lui ouvrirent, en 1720, les portes de l'Académie française, dont il devint le secrétaire perpétuel deux ans plus tard, lorsque mourut Dacier. On lui doit encore une *Histoire critique de l'établissement de la monarchie dans les Gaules* (3 vol., 1734). Dubos est mort à Paris en 1742, à l'âge de soixante-douze ans. Une rue de Beauvais a reçu son nom.

Restaut (Pierre). Né à Beauvais en 1696, mort à Paris le 14 février 1764, Restaut, élève du collège de sa ville natale, compléta son instruction au collège Louis-le-Grand de Paris; il se livra ensuite à l'étude de la jurisprudence et, en 1740, particulièrement distingué par d'Aguesseau, il fut pourvu de la charge d'avocat au conseil du roi. Sans négliger les devoirs de sa profession, il aimait et cultivait les lettres; il a publié ses *Principes généraux et raisonnés de la grammaire française* et un *Abrégé* de cet ouvrage. Ce sont les premiers travaux vraiment élémentaires qui aient été faits pour l'étude de notre langue. Le succès fut grand et durable, les *Principes* furent réédités pour la dernière fois en 1817 et l'*Abrégé* en 1824. Beauvais a sa rue Restaut.

Binet (René). Né près de Beauvais, en 1720, René Binet, qui fut le dernier recteur de l'ancienne Université de Paris, est mort en 1812 proviseur du lycée Bonaparte. On a de lui des traductions estimées d'*Horace* et de *Virgile* et de l'*Histoire de la décadence des mœurs chez les Romains*, ouvrage de l'allemand Meiners.

Seroux d'Agincourt (Jean-Baptiste) descendait d'une famille originaire de Namur et naquit à Beauvais en 1730. Après avoir suivi pendant quelque temps la carrière des armes et servi dans la cavalerie, il rentra dans la vie civile et se consacra à l'éducation de ses deux jeunes frères et de quelques-uns de ses parents qui étaient orphelins. Devenu fermier général, il acquit une belle fortune ; puis, en 1777, entraîné par son goût pour les arts, il abandonna la finance et se mit à voyager. Après avoir parcouru une grande partie de l'Europe, il se rendit en Italie et se fixa à Rome ; là il amassa les matériaux d'une belle publication intitulée : *Histoire de l'art par les monuments*, six volumes ornés d'un grand nombre de curieuses planches. On doit encore à Seroux d'Agincourt un in-quarto paru en 1814, l'année de sa mort : *Recueil de fragments de sculpture en terre cuite.* Une rue de Beauvais porte son nom.

Caigniez (Louis-Charles), un des plus féconds auteurs dramatiques du commencement de ce siècle, est né à Clermont le 13 avril 1756. La Révolution le trouva avocat au conseil d'Artois ; il ne paraît avoir pris aucune part aux événements du temps, et vint à Paris vers l'année 1798. L'année suivante, il fit jouer une pièce intitulée *le Dîner des bossus*, et, peu après, une autre qui obtint un grand succès : *la Belle au bois dormant;* à partir de ce moment, il se consacra tout entier à la carrière dramatique, et devint, concurremment avec Guilbert de Pixérécourt, l'un des plus féconds pourvoyeurs des théâtres de mélodrames : *le Juge-gement de Salomon*, *la Pie voleuse ou la Servante de Palaiseau*, pour ne citer que deux pièces, ont, sous le premier Empire, fait courir tout Paris. Caigniez est mort à Belleville le 19 février 1842.

Portiez (Louis, dit Portiez de l'Oise). Issu d'une famille de commerçants, il naquit à Beauvais le 1er mai 1765. Il

terminait son droit à Paris quand la Révolution éclata ; il
en embrassa les principes avec enthousiasme et joua un
rôle actif pendant la journée du 14 juillet 1789. De retour
à Beauvais, il exerça la profession d'avocat, mais sans aban-
donner la politique. Il ouvrit un club dans sa ville natale,
y conquit une grande influence et devint, en 1792, député
à la Convention nationale. Lors du procès de Louis XVI, il
vota la mort du roi, mais avec sursis ; pendant les temps
qui suivirent, il se tint à l'écart des discussions politiques
et se borna à prendre part aux travaux des comités. Après
le 9 thermidor, Portiez se rangea dans le parti de Tallien ;
c'est lui qui fit décréter, le 8 juillet 1795, qu'il ne serait
plus fait d'exécutions sur la place de la Révolution. A la fin
de cette même année, il remplit une mission en Belgique
et, à son retour, la réunion de ce pays à la France fut
votée. Membre du conseil des Cinq-Cents sous le Direc-
toire, il entra au Tribunat après le 18 brumaire. Lors de la
suppression du Tribunat, Bonaparte le nomma directeur
de l'École de droit. Il est mort en 1810, laissant quelques
ouvrages de législation et un recueil, aujourd'hui fort rare
et assez curieux, intitulé : *Collection des pièces relatives à la
Révolution française.* C'est une table méthodique et chronologique des matières principales traitées dans les brochures
et les écrits du temps.

Baillière (Jean-Baptiste-Marie) fut l'un des nombreux
enfants de Pierre-Nicolas Baillière, marchand drapier à
Beauvais ; il est né le 20 novembre 1797, et il eut probablement suivi la carrière paternelle, si les événements de
1810 et 1812 n'avaient « jeté la perturbation dans la petite
fabrique ». Jean-Baptiste vint alors à Paris et entra chez
un libraire nommé Méquignon, en qualité de garçon de
magasin. Le jeune homme n'avait pas encore quinze ans et
son instruction était loin d'être achevée. Consacrant ses
journées aux durs travaux qui lui incombaient, il dut
prendre sur ses nuits pour acquérir les connaissances qui
lui manquaient. Son ardeur au travail, ses aptitudes, son

intelligence, ne tardèrent pas à être remarquées, et le garçon de magasin fut élevé au rang de commis.

Quelques années après, en 1818, riche d'une modeste somme péniblement amassée, il ouvrit, rue de l'École-de-Médecine, une petite librairie qui ne tarda pas à prospérer et devint l'une de nos premières maisons de vulgarisation scientifique. Dix ans plus tard, il fondait un établissement similaire à Londres et en confiait la direction à son frère Hippolyte. Dans la suite, il créa encore d'autres librairies à Madrid, en Amérique et en Australie.

Il nous est impossible de citer ici tous les ouvrages scientifiques édités par Baillière ; ils marquent, comme l'a fort bien dit M. Reinwald, encore un fils de ses œuvres, « les progrès des sciences médicales et naturelles pendant les deux tiers de notre siècle ».

Baillière fut, en 1847, le président du comité d'organisation du Cercle de la librairie et de l'imprimerie, et jusqu'à son dernier jour resta membre honoraire de son conseil d'administration. Il contribua à la création du Comptoir d'escompte et à celle du Sous-Comptoir de la librairie ; enfin, il prit une part active à la préparation des traités internationaux qui ont assuré la reconnaissance de la propriété littéraire à l'étranger. En 1852, et sur la demande de plusieurs savants, il fut nommé chevalier de la Légion d'honneur.

Malgré la haute situation qu'il avait acquise, Baillière n'oublia jamais sa ville natale. Il dota l'hospice de Beauvais d'une rente de 200 francs, et fonda un prix de vertu de 600 francs, qui est décerné, tous les deux ans, à une jeune ouvrière d'une conduite irréprochable ; de plus, il a fait don à la bibliothèque de la ville de la plupart des ouvrages qu'il a édités.

Frappé de cécité dans les dernières années de sa vie, Baillière a laissé à ses fils la maison qu'il a fondée. Il est mort à Paris, le 8 novembre 1885. L'ancienne rue Saint-François, de Beauvais, s'appelle maintenant rue Jean-Baptiste-Baillière.

Famin (Pierre-Auguste). Élève de David d'Angers, ses œuvres sculpturales ont figuré à plusieurs Salons, notamment à ceux de 1842, 1850 et 1852. Il était né à Beauvais en 1818; il est mort à Paris, à l'âge de trente-quatre ans, trop jeune encore pour avoir donné tout ce que promettait son très réel talent.

En terminant, nous citerons, parmi les enfants de Beauvais vivants encore, les peintres Henri Brispot et Achille Sirouy; nous avons eu l'occasion de parler de ce dernier en visitant l'Hôtel de ville et la chapelle de l'école des frères.

INDEX ALPHABÉTIQUE

TABLE DES GRAVURES

PARIS — TYPOGRAPHIE A. HENNUYER, RUE DARCET, 7.

Librairie HENNUYER, 47, rue Laffitte, Paris

LES ÉTAPES D'UN TOURISTE EN FRANCE

MARTIN (Alexis). **Paris**, *promenades dans les vingt arrondissements*. Un fort volume in-16 de 518 pages, avec 61 gravures hors texte d'après les dessins de F. Lix, J. Geoffroy, V. Gilbert, Norbert Goeneutte, Paul Merwart, Jean Béraud, Touchemolin, F. Hoffbauer, H. Laissement, A. Deroy, et 21 plans coloriés, dressés et gravés par E. Morieu. Prix: relié toile, 10 fr.

— **Tout autour de Paris**, *promenades et excursions dans le département de la Seine*. Un volume in-16 de 342 pages, illustré de 20 dessins hors texte, de 2 vues panoramiques et de 5 cartes et plans coloriés. Prix : relié toile, 7 fr. 50.

— **Promenades et Excursions dans les environs de Paris.** — *Région de l'Ouest*. Un volume in-16 de 512 pages, illustré de 109 gravures dont 51 hors texte, de 7 cartes et plans coloriés et de 2 vues panoramiques. Prix : relié toile, 10 francs.

Afin de faciliter les excursions, cet ouvrage a été divisé en trois parties correspondant à des directions différentes et que l'on peut se procurer séparément.

Première partie : *Autour de Saint-Cloud. — De Sèvres à Versailles. — De Versailles à Marly et à Bougival.* — In-16 de 160 pages, avec 25 gravures dont 16 hors texte, 2 cartes coloriées et 1 vue panoramique. Prix : broché, 3 francs.

Deuxième partie : *Autour de Versailles. — La vallée de Chevreuse. — Vallées de la Bièvre et de l'Yvette, Rambouillet. — Au pays chartrain.* — In-16 de 184 pages avec 42 gravures dont 19 hors texte, 3 cartes coloriées et 1 vue panoramique. Prix : broché, 3 francs.

Troisième partie : *Autour de Saint-Germain. — Les rives de la Seine : de Poissy à Mantes et à la Roche-Guyon, et de la Roche-Guyon à Argenteuil.* — In-16 de 172 pages avec 42 gravures dont 17 hors texte et 2 cartes coloriées. Prix : broché, 3 francs.

Les trois parties cartonnées et réunies dans une reliure mobile. Prix : 10 fr. 50.

— **Promenades et Excursions dans les environs de Paris.** — *Région du Nord*. Publié également en trois parties.

Première partie : *La Vallée de Montmorency. — Pontoise et les bords de l'Oise. — La forêt de Carnelle. — Chantilly.* — In-16 de 180 pages, avec 45 gravures dont 16 hors texte, 1 vue panoramique et 2 cartes coloriées. Prix : broché, 3 francs.

Deuxième partie : *De Senlis à Compiègne et à Noyon. — La forêt de Compiègne et Pierrefonds. — Villers-Cotterets. — Crépy-en-Valois. — La Ferté-Milon. — Nanteuil-le-Haudouin*, etc. — In-16 de 200 pages avec 60 gravures, 1 vue panoramique et 2 cartes coloriées. Prix : broché, 3 francs.

Troisième partie : *Creil. — Clermont. — Beauvais et sa région. — Gisors et le Vexin.* — In-16 de 192 pages avec 47 gravures et 2 cartes coloriées. Prix : broché, 3 francs.

ANDREI (A.). **A travers la Corse.** Un volume in-16, illustré de 37 gravures par F. de Montholon, carte coloriée dressée et gravée par E. Morieu. 2e *édition*. Prix : relié toile, 6 francs.

TREBUCHET (Léon). **Les Baies de Saint-Malo et de Saint-Brieuc.** Un volume in-16, illustré de 54 gravures, avec 2 cartes coloriées. Prix : relié toile, 5 francs.

PARIS. TYPOGRAPHIE A. HENNUYER, RUE DARCET, 7.